Pierre Mathieu
Paul Patenaude

Résolu math

Mathématique • 3e cycle du primaire

Cahier d'activités
5e année

ÉDITIONS DU RENOUVEAU PÉDAGOGIQUE INC.
5757, RUE CYPIHOT, SAINT-LAURENT (QUÉBEC) H4S 1R3
TÉLÉPHONE : (514) 334-2690 TÉLÉCOPIEUR : (514) 334-4720
erpidlm@erpi.com www.erpi.com

Chargée de projet
Première édition enr.

Réviseure scientifique
Danie Paré

Réviseure linguistique
Louise Chabalier

Correctrice d'épreuves
Marie Théorêt

Directrice artistique
Hélène Cousineau

Coordonnatrice graphique
Denise Landry

Couverture
Benoit Pitre

Conception et réalisation graphique
Interscript

Recherche iconographique
Pierre-Richard Bernier

Remerciements

L'éditeur tient à remercier les personnes suivantes pour leurs commentaires judicieux et pertinents :

Madame Suzanne Fréchette, enseignante ;
Madame Annie Leblanc, enseignante, École Les Mélèzes.

Crédits photographiques

Page 8 : Photo Erpi. **Page 9 :** Rob & Sas/Corbis. **Page 14 :** Chris Butler/SPL/Publiphoto. **Page 16 :** Jason Hawkes/Corbis. **Page 17 :** Yann-Arthus Bertrand/Corbis. **Page 19 :** Bognar/Megapress. **Page 23 :** Dorling Kindersley. **Page 24 :** Photo Erpi. **Page 27 :** Dorling Kindersley. **Page 28 :** Akg-images1 Schütze/Rodemann. **Page 29 :** Dorling Kindersley. **Page 32 :** Photo Erpi. **Page 33, en haut :** David Hudson/Search-4-stock. **Page 33, en bas :** Photo ADM. **Page 34, en haut :** Photo Erpi. **Page 34, en bas :** Ryan Remiorz/Archives PC. **Page 35, en haut :** Photo Erpi. **Page 35, en bas :** Photo Erpi. **Page 41 :** Photo Erpi. **Page 42 :** Photo Erpi. **Page 46, en haut :** Dorling Kindersley. **Page 46, en bas :** Archives PC. **Page 48 :** Paul G. Adam/Publiphoto. **Page 49 :** PC Images. **Page 50, en haut :** Dorling Kindersley. **Page 50, en bas :** Eric & David Hosking/ Corbis. **Page 51, en haut :** Ryan Remiorz/Archives PC. **Page 51, en bas :** Pam Gardner/Frank Lane Picture Agency/Corbis. **Page 52 :** Chapman/Megapress. **Page 54 :** Photo Erpi. **Page 55 :** Dorling Kindersley. **Page 56 :** Photo Erpi. **Page 57, en haut :** Dorling Kindersley. **Page 57, en bas :** Photo Erpi. **Page 60, en haut :** Photo Erpi. **Page 60, en bas :** Photo Erpi. **Page 61 :** Dorling Kindersley. **Page 62 :** Michael Wray/Corbis. **Page 64, en haut :** Photo Erpi. **Page 64, en bas :** Dorling Kindersley. **Page 66, en haut :** Photo Erpi. **Page 66, en bas :** Jean-Daniel Cossette/Point-du-jour-aviation.

Dépôt légal : 2006
Bibliothèque et Archives nationales du Québec
Bibliothèque nationale du Canada

ISBN 2-7613-1709-2
IMPRIMÉ AU CANADA

1234567890 II 09876
10646 ABCD OF10

Résolumath...
en un coup d'œil !

Le cahier d'activités *Résolumath* 5e année est un cahier dynamique et stimulant qui peut servir de complément à tout matériel pédagogique de mathématique conçu pour la 5e année du primaire. Il fait appel à la démarche de résolution de problèmes tout autant qu'aux savoirs prescrits par le programme. Il s'avère donc un outil pertinent tant dans le cadre d'ateliers en classe que pour les devoirs à la maison. L'apprentissage de la mathématique favorise le développement du raisonnement, de la rigueur, de la logique, de l'imagination et de la mémoire. *Résolumath 5* s'avère un outil tout désigné pour développer ces habiletés chez l'élève.

La première partie du cahier est constituée de **32 activités** qui permettent l'application de différentes stratégies favorisant le développement de la compétence 1 du programme : Résoudre une situation-problème mathématique. Les diverses activités proposées dans cette section amènent l'élève à mettre en marche son raisonnement et sa pensée logique pour résoudre des problèmes qui sont liés à des activités quotidiennes ou à des situations plus abstraites. Ce faisant, il relève des défis à la fois stimulants et à sa mesure.

Par la diversité des thèmes abordés, les activités proposées sauront captiver l'intérêt des élèves. De plus, les **mises en contexte** fourniront à ces derniers des repères culturels qui piqueront leur curiosité et leur permettront d'établir des liens avec les concepts étudiés dans d'autres disciplines.

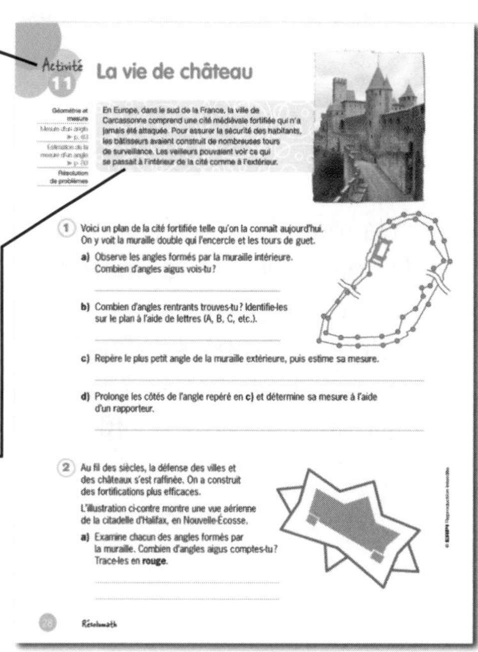

Activité 11

La vie de château

Géométrie et mesure
Mesure d'un angle ➤ p. 63
Estimation de la mesure d'un angle ➤ p. 70
Résolution de problèmes

En Europe, dans le sud de la France, la ville de Carcassonne comprend une cité médiévale fortifiée qui n'a jamais été attaquée. Pour assurer la sécurité des habitants, les bâtisseurs avaient construit de nombreuses tours de surveillance. Les veilleurs pouvaient voir ce qui se passait à l'intérieur de la cité comme à l'extérieur.

1. Voici un plan de la cité fortifiée telle qu'on la connaît aujourd'hui. On y voit la muraille double qui l'encercle et les tours de guet.
   a) Observe les angles formés par la muraille intérieure. Combien d'angles aigus vois-tu ?
   b) Combien d'angles rentrants trouves-tu ? Identifie-les sur le plan à l'aide de lettres (A, B, C, etc.).
   c) Repère le plus petit angle de la muraille extérieure, puis estime sa mesure.
   d) Prolonge les côtés de l'angle repéré en **c)** et détermine sa mesure à l'aide d'un rapporteur.

2. Au fil des siècles, la défense des villes et des châteaux s'est raffinée. On a construit des fortifications plus efficaces.
   L'illustration ci-contre montre une vue aérienne de la citadelle d'Halifax, en Nouvelle-Écosse.
   a) Examine chacun des angles formés par la muraille. Combien d'angles aigus comptes-tu ? Trace-les en **rouge**.

Résolumath

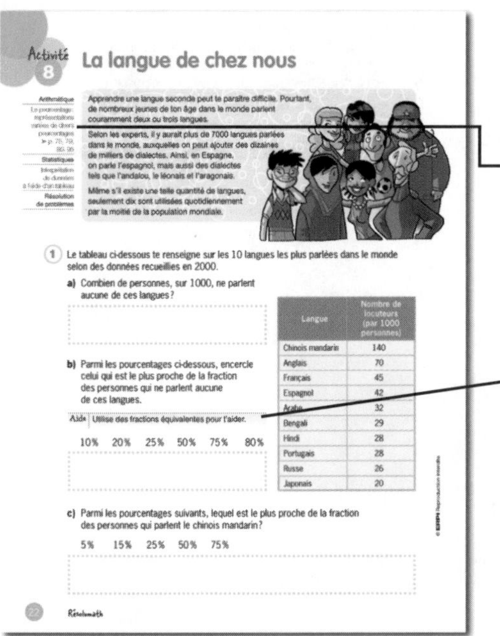

Activité 8

La langue de chez nous

Arithmétique
Statistiques
Résolution de problèmes

Apprendre une langue seconde peut te paraître difficile. Pourtant, de nombreux jeunes de ton âge dans le monde parlent couramment deux ou trois langues.

Selon les experts, il y aurait plus de 7000 langues parlées dans le monde, auxquelles on peut ajouter des dizaines de milliers de dialectes. Ainsi, en Espagne, on parle l'espagnol, mais aussi des dialectes tels que l'andalou, le léonais et l'aragonais.

Même s'il existe une telle quantité de langues, seulement dix sont utilisées quotidiennement par la moitié de la population mondiale.

1. Le tableau ci-dessous te renseigne sur les 10 langues les plus parlées dans le monde selon des données recueillies en 2000.
   a) Combien de personnes, sur 1000, ne parlent aucune de ces langues ?
   b) Parmi les pourcentages ci-dessous, encercle celui qui est le plus proche de la fraction des personnes qui ne parlent aucune de ces langues.

Aide : Utilise des fractions équivalentes pour t'aider.

10 %   20 %   25 %   50 %   75 %   80 %

Langue	Nombre de locuteurs (par 1000 personnes)
Chinois mandarin	140
Anglais	70
Français	45
Espagnol	42
Arabe	32
Bengali	29
Hindi	28
Portugais	28
Russe	26
Japonais	20

   c) Parmi les pourcentages suivants, lequel est le plus proche de la fraction des personnes qui parlent le chinois mandarin ?

5 %   15 %   25 %   50 %   75 %

Résolumath

La liste des principaux **savoirs essentiels** abordés dans l'activité apparaissent en marge. Les renvois aux unités qui traitent ces savoirs aident à utiliser le cahier avec plus d'efficacité.

La rubrique ***Aide*** fournit à l'élève des pistes pour résoudre les problèmes plus complexes.

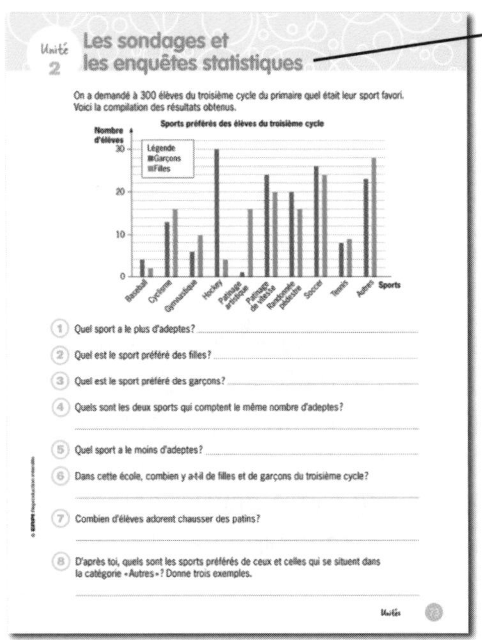

Unité 2 **Les sondages et les enquêtes statistiques**

On a demandé à 300 élèves du troisième cycle du primaire quel était leur sport favori. Voici la compilation des résultats obtenus.

1. Quel sport a le plus d'adeptes? ______
2. Quel est le sport préféré des filles? ______
3. Quel est le sport préféré des garçons? ______
4. Quels sont les deux sports qui comptent le même nombre d'adeptes? ______
5. Quel sport a le moins d'adeptes? ______
6. Dans cette école, combien y a-t-il de filles et de garçons du troisième cycle? ______
7. Combien d'élèves adorent chausser des patins? ______
8. D'après toi, quels sont les sports préférés de ceux et celles qui se situent dans la catégorie «Autres»? Donne trois exemples. ______

Unités

La seconde partie du cahier est composée de **32 unités**. Chaque unité présente des **exercices** permettant l'application des processus mathématiques. Ces unités visent le développement de lacompétence 2 : Raisonner à l'aide de concepts et de processus mathématiques. De plus, elle favorise la consolidation des acquis en lien avec les quatre grandes branches de la mathématique, soit l'arithmétique, la géométrie, la mesure, et la statistique et les probabilités.

Les exercices proposés dans les unités peuvent être utilisés au cours de l'une ou l'autre des trois phases du processus d'apprentissage, c'est-à-dire pendant la préparation, la réalisation ou le réinvestissement. Vous pouvez donc y avoir recours en choisissant le moment qui convient le mieux au cheminement de votre classe et aux besoins particuliers de vos élèves.

À la toute fin du cahier, au verso de la couverture, le ***Tableau des savoirs*** donne la répartition des savoirs dans les différentes activités et unités. Vous aurez ainsi en main toute l'information nécessaire pour une utilisation éclairée et efficace de *Résolumath.*

Tableau des savoirs

SAVOIRS	ACTIVITÉS	UNITÉS
Arithmétique		
Approximation, arrondissement	8, 29, 30	29
Choix d'une forme d'écriture appropriée à un contexte	29, 30, 31	31
Choix d'une ou de plusieurs opérations	16, 31, 32	1, 31
Comparaison de nombres et mise en ordre	10, 22	11, 31
Diviseurs d'un nombre naturel et divisibilité	6, 18	19, 20
Estimation	8	29
Fractions équivalentes	3, 5, 7, 22, 23	4
Fractions et pourcentages (lecture, écriture, représentation, comparaison)	3, 7, 8, 10, 22, 23, 25, 31	4, 8, 9, 11, 22, 23
Nombres décimaux (lecture, écriture, représentation, comparaison)	19, 28	28, 29
Nombres naturels (lecture, écriture, comparaison, représentation)	17, 20	1, 3, 13, 15
Opérations sur les nombres décimaux (+, −, ×, ÷)	14, 19, 28, 30	20
Opérations sur les nombres naturels (+, −, ×, ÷)	1, 5, 6, 9, 12, 13, 14, 17, 19 20	10, 13, 15, 20, 30, 31
Passage d'une forme d'écriture à une autre	17, 29, 30, 31	
Puissances et exposants	15, 17, 18, 31	16, 18
Sens des opérations	16, 31	31
Géométrie		
Cercle, disque, diamètre, rayon	5	6
Choix d'une unité de mesure appropriée	20	
Classification des angles, nomenclature	4	5
Classification des triangles, nomenclature	24	24
Construction d'angles, utilisation du rapporteur	11	
Description de polygones convexes	4, 24	
Transformations géométriques : frises et dallages	26	26
Mesure		
Mesure de masse et de capacité	16, 32	17
Mesure de longueurs	21	21
Mesure de surfaces	3, 20, 25	25
Mesure de volumes	32	
Mesure des angles, estimation, utilisation du rapporteur	11	12
Mesure du temps	6, 13	7, 14
Relations entre les unités de mesure de longueurs	21	21
Relations entre les unités de mesure de surfaces	25	25
Relations entre les unités de mesure de volume	32	32
Statistique		
Interprétation de données à l'aide d'un diagramme à bandes	2	2
Interprétation de données à l'aide d'un tableau	2, 7	
Probabilité		
Dénombrement des résultats d'une expérience aléatoire	27	27
Description d'un événement (possible, certain, impossible)		27
Résolution de problèmes		
Stratégies	17, 18, 23, 31	

Table des matières

Activités

Unités

Activité 1

Retour de vacances

Arithmétique

Quatre opérations sur les nombres naturels

➤ p. 81, 102, 103

Résolution de problèmes

Durant tes vacances, tu as peut-être visité de nouvelles régions, rencontré beaucoup de gens et peut-être même t'es-tu fait de nouveaux amis. À la fin de tes vacances, tu rassembles tes souvenirs : le nombre de gens que tu as rencontrés, les kilomètres que tu as parcourus, la somme des photos que tu as prises... Mine de rien, tous ces nombres sont le résultat de calculs.

1 Janice a participé à un camp de jour auquel 1066 enfants étaient inscrits. Le groupe comptait 782 filles, dont 350 avaient 10 ans, comme Janice.

a) Combien y avait-il de garçons inscrits à ce camp ?

b) Combien de filles n'avaient pas 10 ans ?

c) Combien d'enfants auraient dû s'ajouter pour qu'il y ait le même nombre de garçons que de filles ?

2 Le terrain du camp de jour était situé à 0,8 km de la résidence de Janice, mais à seulement 0,5 km de la résidence de Marcel, un de ses amis. Ces deux enfants ont fréquenté le camp de jour pendant 7 semaines de 5 jours, combien de kilomètres, au total, Janice a-t-elle dû parcourir de plus que Marcel pour aller au camp de jour et en revenir ?

3 Au camp, Janice s'est fait beaucoup d'amis, soit 9 filles et 5 garçons. Elle a pris quatre photos de chacun d'eux pour son album souvenir et deux photos de tout le groupe. Combien de photos de ses amis a-t-elle prises en tout?

4 Pour faire imprimer ses photos, Janice utilisera le service offert par la pharmacie locale. Le prix demandé est de 22 ¢ la photo, incluant les taxes. Elle fera imprimer deux copies de chaque photo où apparaissent les filles et une copie de chaque photo où apparaissent les garçons. De plus, elle commandera une copie de chaque photo de groupe.

Elle a mis 40 $ de côté en prévision de cette dépense. Combien lui restera-t-il après avoir payé ses photos?

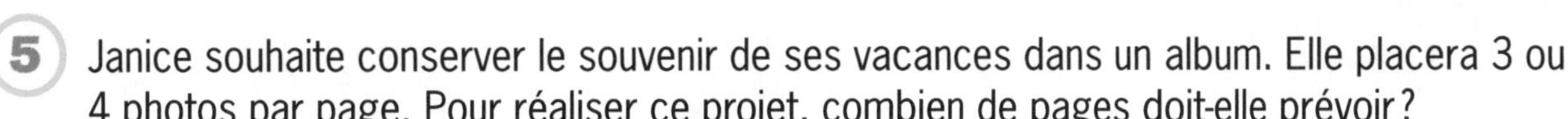

5 Janice souhaite conserver le souvenir de ses vacances dans un album. Elle placera 3 ou 4 photos par page. Pour réaliser ce projet, combien de pages doit-elle prévoir?

Activité 2 Si la tendance se maintient…

Statistiques

Interprétation des données ➤ p. 73

Représentation des résultats

Diagramme à bandes ➤ p. 73

Résolution de problèmes

Lorsque tu consultes le journal ou que tu écoutes un bulletin d'informations télévisé, tu trouves une multitude de renseignements sur les habitudes de vie de la population. Par exemple, on t'y informe sur ce que les gens mangent, les activités physiques qu'ils pratiquent, leurs loisirs, etc. On obtient de telles informations grâce à des enquêtes qui permettent d'établir des *statistiques* sur ces habitudes. Les scientifiques utilisent ces statistiques pour « prédire l'avenir »…

1 Il existe un lien très étroit entre ce que nous mangeons et l'état de notre santé. Certains aliments aident le corps à se défendre contre les maladies.

On a posé la question suivante à quelques personnes : « Mangez-vous régulièrement les aliments suivants ? » Au fur et à mesure, on a noté les réponses (1 = oui, 0 = non).

Aliments	Lucas	Mélanie	Marie	Pedro	Félix	Gabriel	Kim	Jacky	Samir	Jade	Total
Chou de Bruxelles	1	1	0	0	1	0	1	0	1	1	6
Brocoli, chou-fleur, chou	1	1	1	0	1	1	1	1	1	0	8
Ail	1	1	0	1	1	0	1	0	1	1	7
Oignon, échalote	1	1	1	1	1	1	1	1	1	1	10
Épinards, cresson	0	0	1	1	1	0	1	1	0	1	6
Poivre noir	1	1	1	1	1	1	1	1	1	1	10
Petits fruits (bleuets, fraises, framboises)	1	1	1	1	1	1	1	1	1	1	10
Raisin	1	1	1	1	1	1	1	1	0	0	8
Jus d'agrumes (orange, pamplemousse, citron)	1	1	1	1	0	1	1	1	1	1	9
Total	8	8	7	7	8	6	9	7	7	7	

a) Quels sont les quatre aliments consommés régulièrement par le plus grand nombre de personnes ?

____

____

b) Qui consomme le plus d'aliments santé ? ____________________

2 Pour être en santé, il est recommandé de manger cinq fruits et légumes par jour. Pour mieux connaître les habitudes alimentaires des 202 élèves du troisième cycle de l'école, l'infirmière leur a demandé de répondre à la question suivante : « Combien de fruits et de légumes consommez-vous en moyenne par jour ? » Les réponses ont été les suivantes.

Élèves du 3e cycle	Nombre de fruits et de légumes consommés							Total
	0	1	2	3	4	5 et plus	Pas de réponse	
Garçons	1	3	9	11	21	52	7	104
Filles	0	2	6	18	23	47	2	98
Total	1	5	15	29	44	99	9	202

a) Dessine un diagramme à bandes pour représenter les réponses fournies par l'ensemble des élèves (garçons et filles réunis).

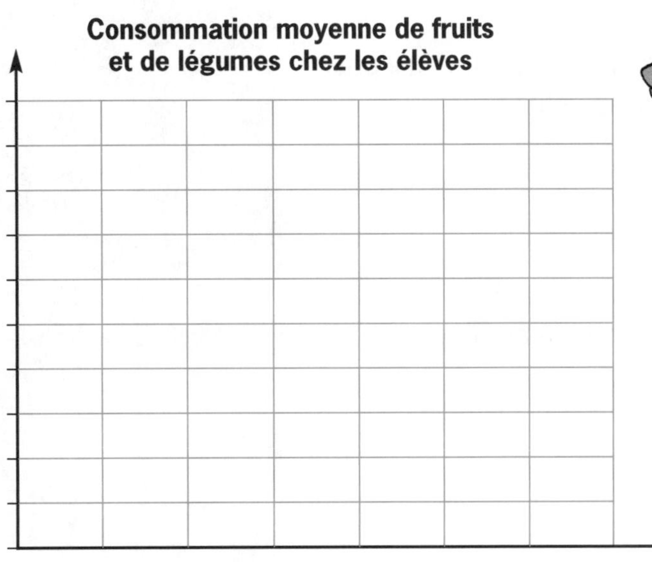

b) Donne deux informations que tu peux tirer des résultats de l'enquête présentés plus haut.

Activité 3

Mosaïque de couleurs

Arithmétique

Fractions équivalentes ➤ p. 75

Figures équivalentes ➤ p. 75, 79, 94, 95

Relation d'équivalence ➤ p. 75, 79, 94, 95

Pour donner de la lumière à une peinture, nous utilisons des couleurs chaudes comme le jaune ou l'orangé. Par contre, si nous désirons obtenir une ambiance plus sombre, nous utiliserons alors des couleurs froides comme le bleu ou le violet. On obtient le même effet dans la fabrication de tissus, de courtepointes, de papiers peints ou de mosaïques.

1. Pour réaliser la belle courtepointe illustrée, on a utilisé du tissu de quatre couleurs différentes : il y a ainsi 110 carrés rouges, 22 carrés bleus, 22 carrés roses et 66 carrés blancs à motifs de fleurs.

a) Combien de petits carrés de tissu faut-il pour réaliser toute la courtepointe ?

b) Quelle fraction représente le nombre de carrés rouges ?

c) Quelle fraction représente le nombre de carrés bleus ?

d) Combien de carrés rouges faudrait-il pour ajouter une bordure autour de la courtepointe ?

2 Dans un quadrillage de 4 × 4 cases, un motif qui se répète quatre fois a été colorié en jaune ou en bleu.

a) Partage à ton tour les trois autres quadrillages en quatre parties équivalentes de trois nouvelles façons.

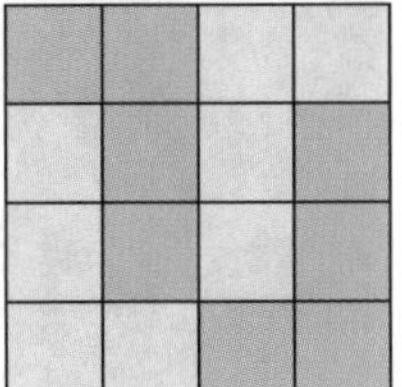 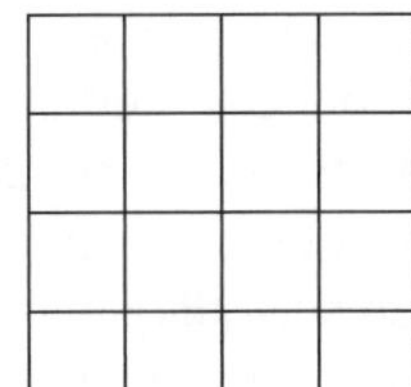 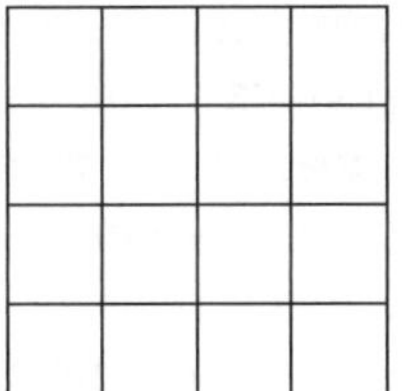 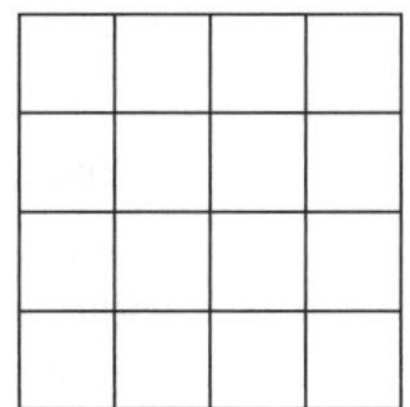

b) Dans chaque cas, quelle fraction du quadrillage est occupée par un seul motif?

3 Pour son anniversaire, Jean-Michel a reçu une boîte de 128 crayons de couleur. Après la réception, il décide de dessiner avec ses 3 amis. Il propose que chacun, à tour de rôle, choisisse un crayon, jusqu'à ce qu'il n'en reste plus.

a) Quelle fraction de l'ensemble des crayons chacun aura-t-il?

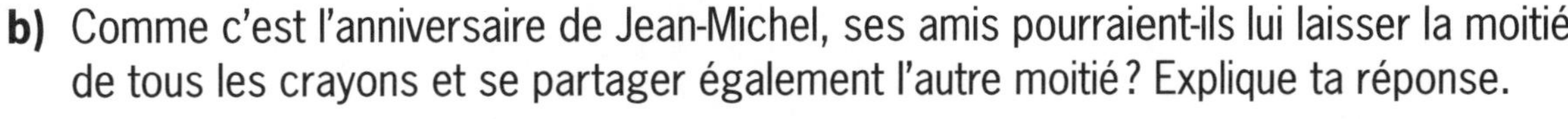

b) Comme c'est l'anniversaire de Jean-Michel, ses amis pourraient-ils lui laisser la moitié de tous les crayons et se partager également l'autre moitié? Explique ta réponse.

4 Dans le treillis de balles de couleur ci-contre, il y a un rapport entre les couleurs. Ce rapport est exprimé par une fraction dans les rectangles. Cependant, certaines balles ne sont pas identifiées et il manque des fractions dans certains rectangles. À toi de les trouver!

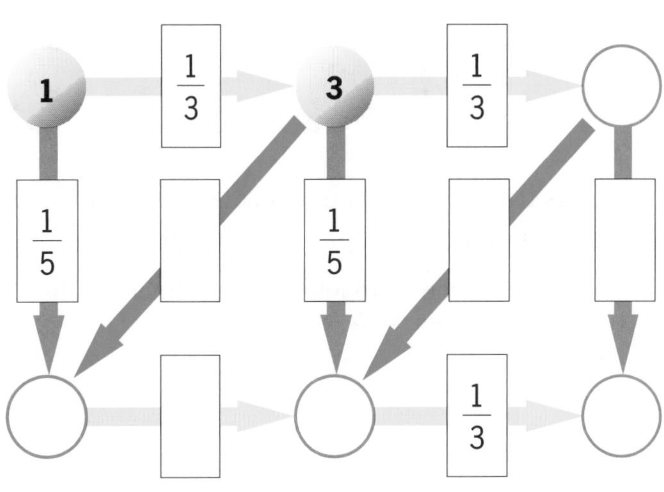

Activité 4

Les figures dans les étoiles

Géométrie

Les angles : aigus, obtus, droits, plats, saillants, angles dans des figures ➤ p. 76

Identifier des angles aigus, obtus, droits ➤ p. 76

Une constellation est composée d'un ensemble d'étoiles proches les unes des autres. Dans les temps anciens, 4000 ans av. J.-C., les habitants de la Mésopotamie ont décidé de relier certaines étoiles par des lignes imaginaires, traçant ainsi des figures dans le ciel. On y a vu des guerriers, des animaux, des dieux ou divers objets. Bien sûr, de tels dessins n'ont rien de scientifique, mais ils permettent de repérer facilement des groupes d'étoiles dans le ciel.

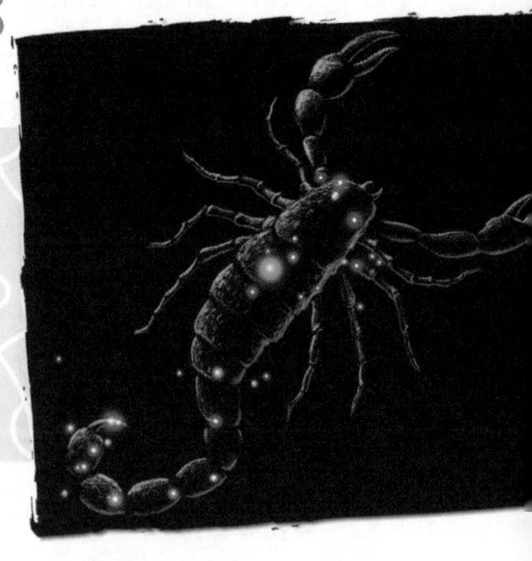

1 Avant de devenir des figures, les points lumineux que sont les étoiles ont été reliés par des lignes imaginaires. Observe les schémas suivants. Tu remarqueras que **deux** lignes droites se coupent en **un** point ; que **trois** lignes droites se coupent deux à deux, en **trois** points ; que **quatre** lignes droites se coupent deux à deux, en **six** points.

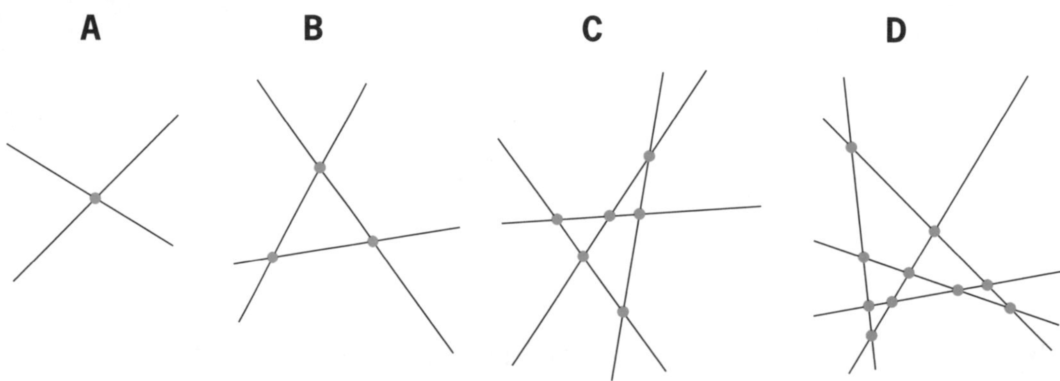

Figures	Nombre de lignes droites	Nombre de points de rencontre
A	2	1
B	3	3
C	4	6
D	5	10

Sans tracer une figure, explique comment tu peux prédire en combien de points se rencontreront **sept** lignes droites.

Aide | Examine les régularités des nombres dans chaque colonne du tableau puis complète les suites.

2 En se coupant, les lignes ci-contre forment des polygones. Complète le tableau suivant pour cinq lignes qui se coupent. Pour t'aider :

- analyse les types de polygones pouvant être obtenus avec cinq lignes ;
- analyse les angles formés à l'intérieur de ces polygones ;
- fais quelques dessins pour examiner différents cas possibles.

Nombre de lignes droites qui se coupent	Types de polygones formés	Nombre total d'angles	Nombre maximal d'angles aigus	Nombre maximal d'angles obtus
3	1 triangle (3 angles)	$1 \times 3 = 3$	3	1
4	2 triangles (2 fois 3 angles) 1 quadrilatère (4 angles)	$2 \times 3 = 6$ $1 \times 4 = 4$ $6 + 4 = 10$	9	3
5				

3 Pour mieux repérer les étoiles, les peuples anciens ont relié certaines d'entre elles par des traits imaginaires. Les dessins ainsi formés représentent les signes du zodiaque.

Voici des étoiles d'une région du ciel. Relie-les entre elles par un trait rouge à l'aide de sept segments consécutifs pour former six angles aigus.

Activité 5

Circulons !

Géométrie
Cercle, disque ➤ p. 77
Rayon, diamètre ➤ p. 77
Secteurs circulaires ➤ p. 77
Cercles concentriques ➤ p. 77
Construire des cercles ➤ p. 77
Comparer des cercles ➤ p. 77

Il y a près de 4000 ans, en Europe, dans le sud de l'Angleterre, des hommes ont érigé une étrange construction composée d'immenses blocs de pierre. Ces blocs sont disposés sur un cercle d'environ 33 mètres de diamètre, à l'intérieur d'un fossé qui forme un cercle de 100 mètres de diamètre.

Le site comporte également d'autres blocs de pierre plus petits, également disposés en cercle. Pour construire ce site, les hommes de la Préhistoire ont eu recours à des moyens techniques exceptionnels et à de solides connaissances de la géométrie. Ce lieu allait devenir Stonehenge.

1 Trouve quelques contenants circulaires de différentes tailles.

a) À l'aide d'un ruban à mesurer, trouve le diamètre et la circonférence, en centimètres, de chacun des contenants. Prends tes mesures à partir du bord inférieur, puis à partir du bord supérieur des contenants.

b) Inscris ces mesures dans le tableau ci-dessous.

c) Dans chaque cas, donne une fraction approximative permettant de comparer le diamètre avec la circonférence.

Contenant	Bord	Diamètre	Circonférence	Rapport
1	Supérieur			
	Inférieur			
2	Supérieur			
	Inférieur			
3	Supérieur			
	Inférieur			

d) Quelle serait la circonférence d'un contenant de 25 cm de diamètre?

e) Quel serait le diamètre d'un contenant de 45 cm de circonférence?

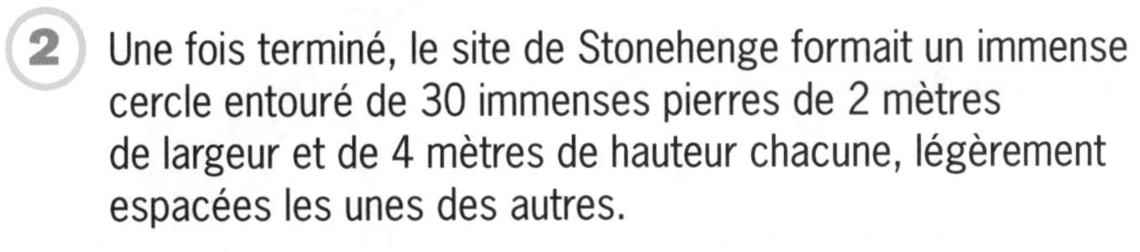

2 Une fois terminé, le site de Stonehenge formait un immense cercle entouré de 30 immenses pierres de 2 mètres de largeur et de 4 mètres de hauteur chacune, légèrement espacées les unes des autres.

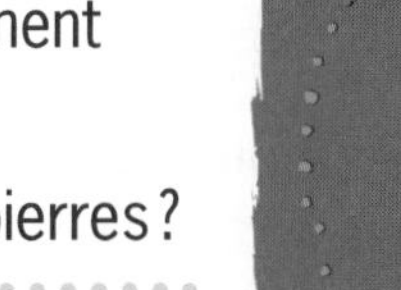

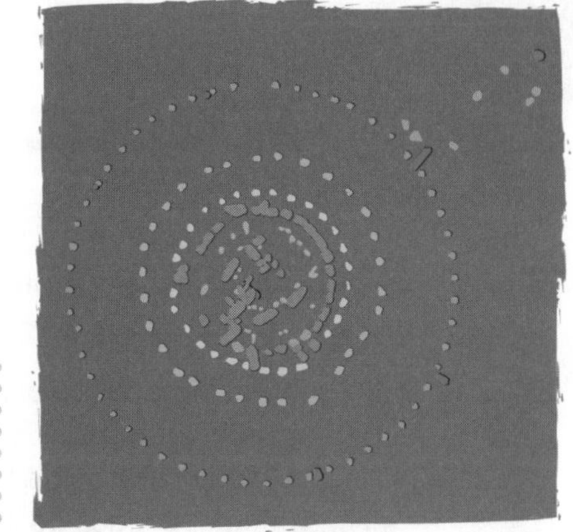

a) Quelle est la circonférence de ce grand cercle de pierres?

b) Quel est le rayon du grand fossé qui entoure le site?

c) Si tu marchais le long de ce fossé afin de faire le tour complet du site, quelle distance parcourrais-tu approximativement?

d) En comparant la circonférence du cercle de pierres avec la circonférence du grand fossé, quelle fraction obtiens-tu?

3 À vol d'oiseau, on peut observer plusieurs constructions immenses de forme circulaire. La photo de droite montre l'arc de triomphe de Paris, duquel partent des avenues dans toutes les directions. Le boulevard au tracé circulaire où se situe le monument a un diamètre de 333 m.

Quelle est la longueur de la voie de communication qui en fait le tour?

Activité 6

Voyage dans le temps

Mesure
Mesure du temps ➤ p. 78, 85
Unités de mesure du temps ➤ p. 78, 85
Arithmétique
Durées ➤ p. 78, 85
Diviseurs ➤ p. 78, 85
Résolution de problèmes

Une année compte 365 jours. Notre calendrier est divisé en 12 mois. Pourquoi?

Plusieurs règles concernant la façon de mesurer le temps nous viennent de l'Antiquité. Il y a plus de 5800 ans, les mages chaldéens ont été les premiers à diviser le jour et la nuit en deux périodes de 12 heures. L'heure était divisée en 60 minutes et la minute, en 60 secondes. Cette façon de diviser par 12 et par 60 a son origine dans le système de numération inventé par les Babyloniens.

1. La Lune tourne sur elle-même en 28 jours très exactement. On appelle cette durée un «mois lunaire». Combien de mois lunaires complets y a-t-il dans une année de 365 jours?

2. C'est par l'observation du ciel que les astronomes anciens ont pu établir que la Terre tourne un peu plus de 365 fois sur elle-même avant de revenir exactement au même endroit dans le ciel, par rapport au Soleil. Cette période de temps s'appelle une «année» et chaque révolution de la Terre sur elle-même, un «jour».

a) Les premiers astronomes comptaient seulement 360 jours pour une année. Quels sont les diviseurs de 360?

b) Les premiers astronomes ont trouvé commode de diviser l'année en 12 périodes. Quel était alors le nombre de jours dans chaque période?

c) On sait maintenant qu'une année compte 365 jours. Quels sont les diviseurs de 365?

3 Depuis le Moyen Âge, des pèlerins font à pied le voyage depuis la France jusqu'à Saint-Jacques-de-Compostelle, en Espagne. Les points de départ les plus populaires sont les villes suivantes : Tours, Vézelay, Le Puy-en-Velay et Arles.

Quatre amis, Robert, Michèle, Yannick et Stéphanie, sont partis respectivement de Tours, de Vézelay, du Puy et d'Arles. Le tableau ci-dessous indique le moment du départ de chacun ainsi que la durée du trajet jusqu'à Saint-Jacques-de-Compostelle.

Nom	Départ	Durée
Robert	22 mai	31 jours
Michèle	23 mai	28 jours
Yannick	20 mai	35 jours
Stéphanie	17 mai	38 jours

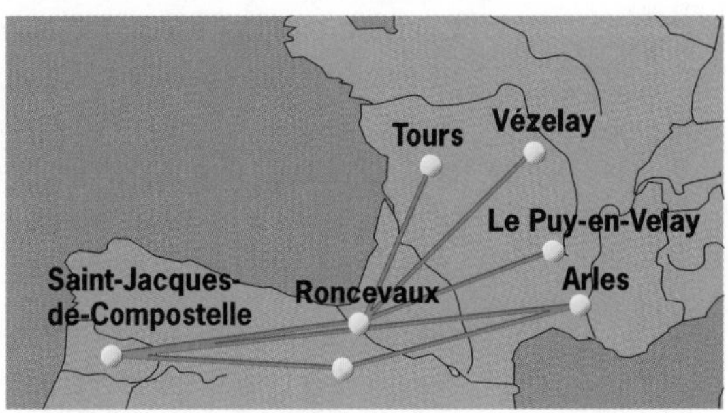

a) À quelle date les quatre amis se sont-ils retrouvés tous ensemble à Saint-Jacques-de-Compostelle ?

b) À son arrivée, Stéphanie a remarqué que sa montre retardait. En fait, elle avait perdu en moyenne une minute et demie par jour de marche. À son arrivée, la montre de Stéphanie indiquait 18 h 30. Quelle heure était-il en réalité ?

Activité 7

Questions de budget

Arithmétique

Pourcentage
➤ p. 79, 80

Calcul d'un pourcentage
➤ p. 79, 80

Résolution de problèmes

Une réalité incontournable de la vie nous encourage à économiser : il faut mettre de l'argent de côté pour nos besoins essentiels tels que la nourriture, le logis et les vêtements. « Prévoir » est donc synonyme de « budget ». Comme la majorité des jeunes, tu as des rêves que tu espères réaliser. Par exemple, tu prévois acheter des disques, voir un film, offrir des cadeaux à ceux que tu aimes. Établir un budget, c'est savoir répartir son argent entre les besoins et les désirs que l'on souhaite satisfaire.

Au début de l'été, les grands-parents d'Alexane lui ont proposé un petit emploi de fin de semaine : tondre la pelouse et participer à l'entretien des platebandes et du potager. Elle recevra 30 $ par semaine.

1 En acceptant la proposition, Alexane est assurée que ce travail durera au moins 16 semaines.

Quel montant d'argent total Alexane gagnera-t-elle au cours de l'été ?

2 À la suggestion de sa grand-mère, Alexane a décidé de préparer un budget pour ne pas être tentée de dépenser tout son argent rapidement. Après avoir discuté de ses besoins avec sa grand-mère, elle a établi le budget suivant en misant sur un revenu assuré de 480 $.

a) Remplis la colonne des montants d'argent dans le tableau.

b) Quelles seront les économies d'Alexane si elle gagne 600 $ au total ?

Éléments	%	Montants d'argent
Vêtements	30	
Livres	5	
Disques	10	
Sorties avec les amis	10	
Cadeaux	5	
Divers	15	
Économies	25	
Total	**100**	

3 Au cours d'une sortie avec ses parents, Alexane a vu dans un magasin un disque dont elle avait envie depuis longtemps. Le disque était en solde à 12 $.

Quel pourcentage de son budget réservé à l'achat de disques le montant de 12 $ représente-t-il ?

4 Si Alexane n'utilise pas ses économies, combien de semaines de travail lui faudra-t-il pour accumuler 90 $?

Aide | Pense à des fractions équivalentes.

5 Au cours d'une sortie avec sa grand-mère, passant près d'un magasin de matériel électronique, Alexane est attirée par un lecteur de musique. Sa grand-mère lui fait remarquer que le prix demandé représente 50 % de tout ce qu'elle peut gagner chez elle en sept semaines de travail.

Combien coûte ce lecteur de musique ?

6 À la fin de l'été, Alexane fait son bilan. Elle constate alors qu'elle a dépensé beaucoup plus que prévu pour ses sorties avec ses amis, soit 72 $ au lieu de 48 $. Elle a donc réalisé moins d'économies que celles qu'elle avait prévues.

Si elle n'a pas dépensé plus que ce qu'elle avait prévu dans les autres cas, quel pourcentage de ses gains a-t-elle versé dans ses économies ?

Activité 8

La langue de chez nous

Arithmétique

Le pourcentage : représentations variées de divers pourcentages
➤ p. 75, 79, 80, 95

Statistiques

Interprétation de données à l'aide d'un tableau

Résolution de problèmes

Apprendre une langue seconde peut te paraître difficile. Pourtant, de nombreux jeunes de ton âge dans le monde parlent couramment deux ou trois langues.

Selon les experts, il y aurait plus de 7000 langues parlées dans le monde, auxquelles on peut ajouter des dizaines de milliers de dialectes. Ainsi, en Espagne, on parle l'espagnol, mais aussi des dialectes tels que l'andalou, le léonais et l'aragonais.

Même s'il existe une telle quantité de langues, seulement dix sont utilisées quotidiennement par la moitié de la population mondiale.

1 Le tableau ci-dessous te renseigne sur les 10 langues les plus parlées dans le monde selon des données recueillies en 2000.

a) Combien de personnes, sur 1000, ne parlent aucune de ces langues?

Langue	Nombre de locuteurs (par 1000 personnes)
Chinois mandarin	140
Anglais	70
Français	45
Espagnol	42
Arabe	32
Bengali	29
Hindi	28
Portugais	28
Russe	26
Japonais	20

b) Parmi les pourcentages ci-dessous, encercle celui qui est le plus proche de la fraction des personnes qui ne parlent aucune de ces langues.

Aide | Utilise des fractions équivalentes pour t'aider.

10 % 20 % 25 % 50 % 75 % 80 %

c) Parmi les pourcentages suivants, lequel est le plus proche de la fraction des personnes qui parlent le chinois mandarin?

5 % 15 % 25 % 50 % 75 %

2 La grille ci-dessous représente approximativement la totalité des habitants de la Terre.

a) Colorie en **rouge** une partie équivalente au nombre de personnes qui parlent le chinois mandarin.

b) Colorie en **vert** une partie équivalente au nombre de personnes qui parlent l'anglais.

c) Colorie en **bleu** une partie équivalente au nombre de personnes qui parlent le français.

d) Colorie en **jaune** une partie équivalente au nombre de personnes qui ne parlent aucune des langues données dans le tableau du numéro 1.

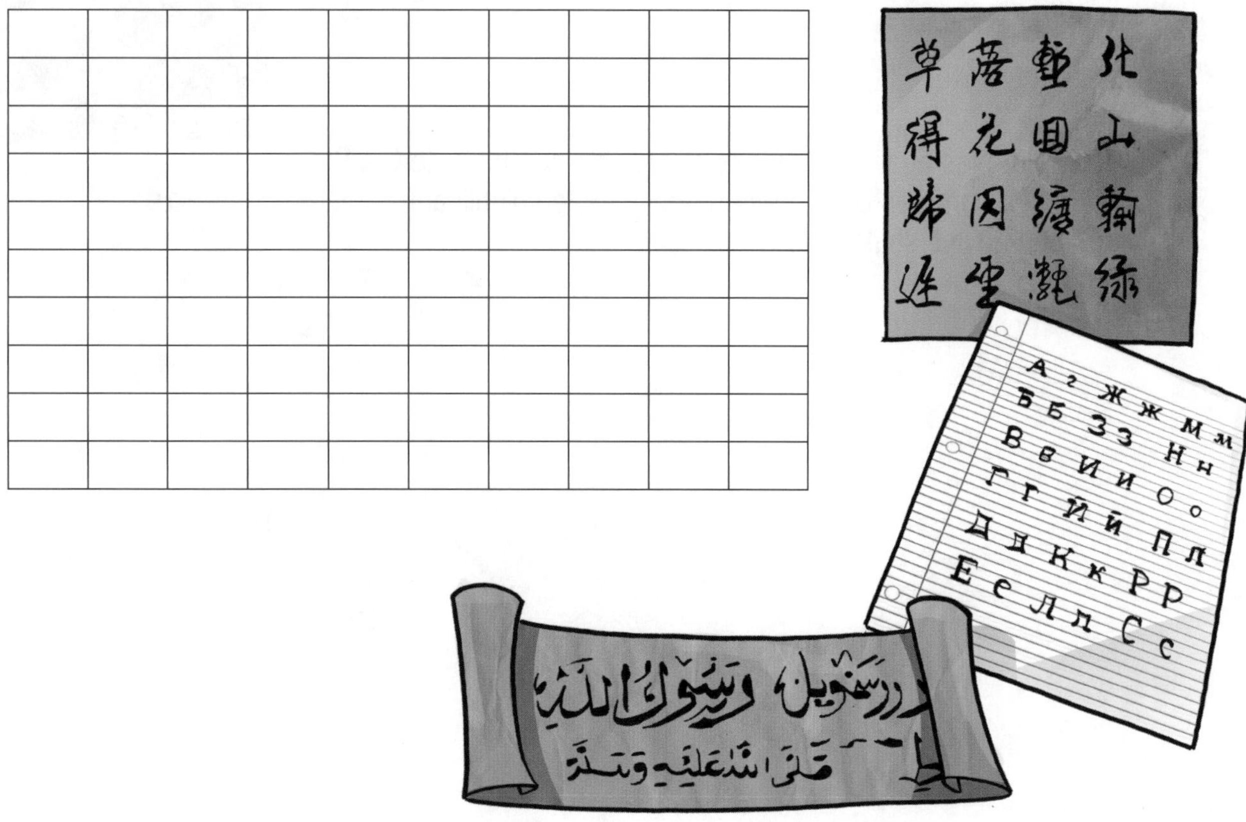

3 Lorsqu'on dresse la liste des mots qui existent dans toutes les langues du monde et qui ont strictement le même sens, on n'en trouve que 300 tout au plus. Parmi eux figurent les mots universels suivants : *je, tu, nous, qui, quoi, non, tout, un, deux, grand, long, petit, femme, homme, manger, voir, entendre, soleil, lune, étoile, eau, feu, chaud, froid, blanc, noir, nuit, terre, air, ami.*

Quel pourcentage ces mots universels représentent-ils dans l'ensemble des mots qui ont le même sens pour tous ?

____

____

Activité 9

Jeux arithmétiques

Arithmétique

Quatre opérations sur les nombres naturels
➤ p. 81, 102, 103

Choix d'une opération
➤ p. 81, 102, 103

Résolution de problèmes

La mathématique tire ses origines des besoins de l'activité humaine, à savoir compter, mesurer, comparer, prévoir.
En retour, la mathématique nous fournit des outils pour aborder de nouveaux problèmes, exercer notre esprit ou nous divertir.

Voici quelques situations qui feront appel à ta capacité d'aborder des problèmes nouveaux d'une manière originale et efficace.

1 Complète les égalités croisées à l'aide de nombres de 0 à 9. Écris les nombres dans les cercles vides, en n'utilisant chacun qu'une seule fois.

19
=
22 = (7) + ( ) + ( )
+ +
(4)
+ +
(5) + ( ) + ( ) = 18
+ + =
( ) 19
+ +
( ) + ( ) + ( ) = 5
=
6

2 Tu disposes des nombres et des opérations arithmétiques qui apparaissent dans les cercles ci-contre. Dans chacune des tâches qui suivent, n'utilise qu'une seule fois ces nombres et ces opérations.

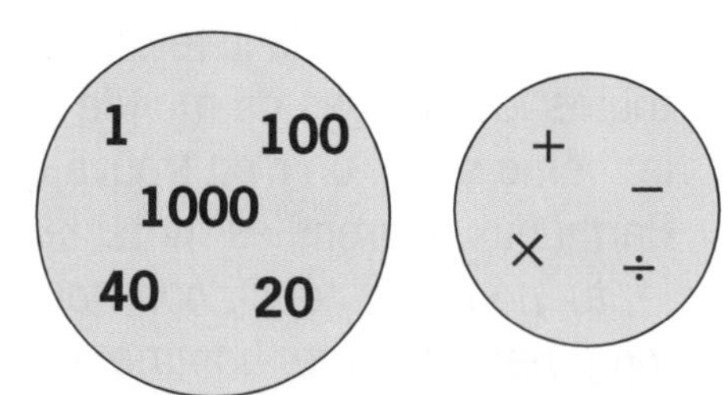

a) En utilisant trois nombres, construis la chaîne d'opérations qui donne **le plus petit résultat entier** possible.

____

b) En utilisant trois nombres, construis la chaîne d'opérations qui donne **le plus grand résultat entier** possible.

____

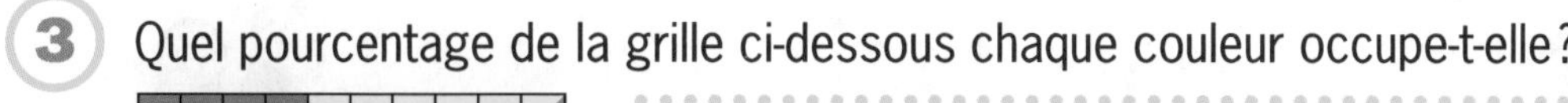

3 Quel pourcentage de la grille ci-dessous chaque couleur occupe-t-elle?

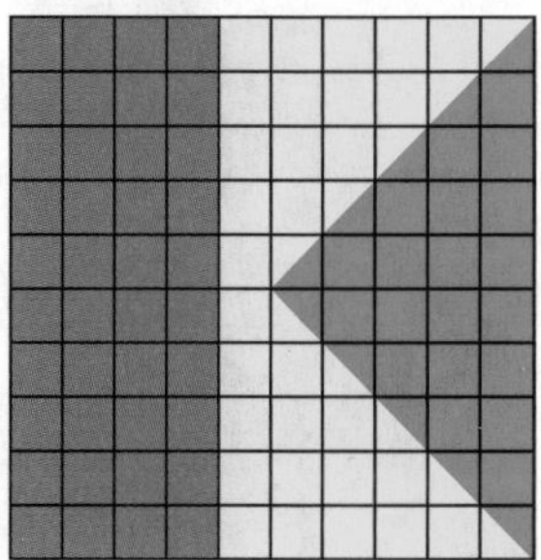

4 Le diagramme à bandes ci-dessous représente les parties d'échecs gagnées par chacun des concurrents à un tournoi.

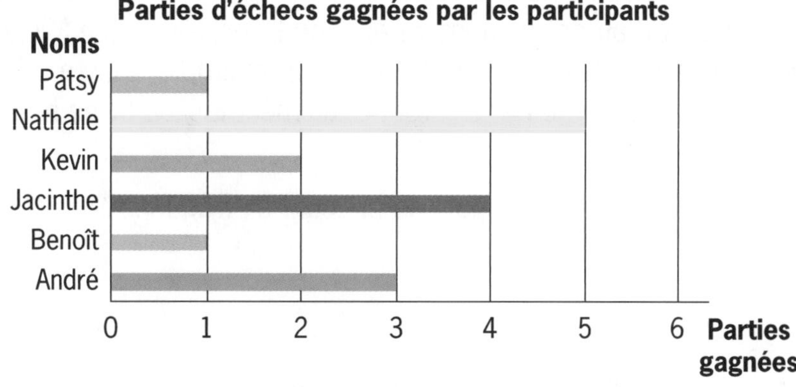

a) Qui a gagné le tournoi? ____________________

b) Quel groupe a gagné le plus de parties, celui des filles ou celui des garçons?

____

c) Les deux concurrents ayant gagné le plus de parties se sont opposés en finale. Qui sont ces deux concurrents?

____

5 Pour l'anniversaire de David, sa mère a décidé d'inviter 27 de ses camarades. Pour dresser la table, il faudra un couteau, deux fourchettes et deux cuillères pour chaque invité.

a) Combien de convives y aura-t-il, en incluant le père et la mère de David?

b) Combien d'ustensiles faudra-t-il au total?

Activité 10

Plus grand, plus petit... ?

Arithmétique

Comparaison de fractions

➤ p. 75, 82, 94, 95

Résolution de problèmes

Dès que l'on sait compter, il devient facile de comparer des grandeurs.

Quand il s'agit de fractions, la tâche n'est pas aussi simple. Pourtant, de nombreuses situations de nos activités quotidiennes donnent lieu à des comparaisons de fractions. Avec un peu d'entraînement, on peut aisément déterminer ce qui est plus grand ou plus petit.

1. Des amis qui jouent aux billes ont décidé de se partager les billes de la façon suivante : Joannie, Claudia et Jeff auront un nombre égal de billes, alors que Michel en aura au moins autant que tous les autres ensemble. Par exemple, s'il y a 24 billes, Michel en prendra 12 et les autres se partageront également les 12 billes restantes ; ceux-ci auront donc 4 billes chacun.

   a) S'il y a 24 billes, quelle sera la part de chacun, en fractions?

   ____

   ____

   b) S'il y a 40 billes, quelle sera la part de chacun, en fractions?

   ____

   ____

   ____

   ____

2. Mégane et Sébastien s'entraînent ensemble en vue d'une course de 1000 mètres qui aura lieu à l'école dans trois semaines. À son premier entraînement, Mégane a parcouru la moitié du trajet en 4 minutes. Essoufflée, elle a mis autant de temps pour parcourir la moitié de la distance qui restait. Puis elle a mis encore 2 minutes pour terminer le parcours.

   a) Combien de temps Mégane a-t-elle mis pour parcourir 1000 m?

   ____

   ____

   b) Quelle fraction du parcours avait-elle franchie à 2 minutes de l'arrivée?

   ____

   ____

Plus prudent, Sébastien n'avait que 300 m de parcourus après 4 minutes et 600 m après 4 autres minutes. Il a ensuite mis une minute pour atteindre l'arrivée.

c) Quelle fraction du parcours Sébastien avait-il franchie après 4 minutes?

____

____

d) Compare la fraction du parcours complété par Mégane avec celle du parcours complété par Sébastien après 8 minutes. Lequel des deux a parcouru la plus grande portion des 1000 m?

3 Tu disposes des jetons suivants:

(2) (3) (4) (6) (8) (12)

a) Place quatre de ces jetons dans les cercles ci-dessous, pour former des fractions qui respectent la relation indiquée. Essaie de trouver au moins cinq solutions.

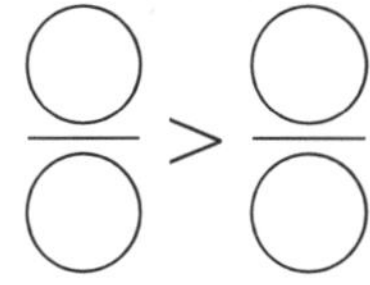

b) Utilise les quadrillages ci-dessous pour vérifier **une de tes réponses** à la question **a)** en coloriant le nombre de cases correspondant à chacune des fractions formées.

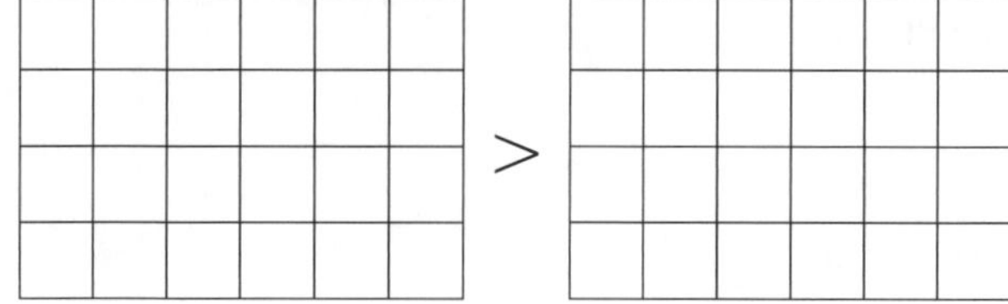

Activité 11

La vie de château

Géométrie et mesure

Mesure d'un angle ➤ p. 83

Estimation de la mesure d'un angle ➤ p. 83

Résolution de problèmes

En Europe, dans le sud de la France, la ville de Carcassonne comprend une cité médiévale fortifiée qui n'a jamais été attaquée. Pour assurer la sécurité des habitants, les bâtisseurs avaient construit de nombreuses tours de surveillance. Les veilleurs pouvaient voir ce qui se passait à l'intérieur de la cité comme à l'extérieur.

1 Voici un plan de la cité fortifiée telle qu'on la connaît aujourd'hui. On y voit la muraille double qui l'encercle et les tours de guet.

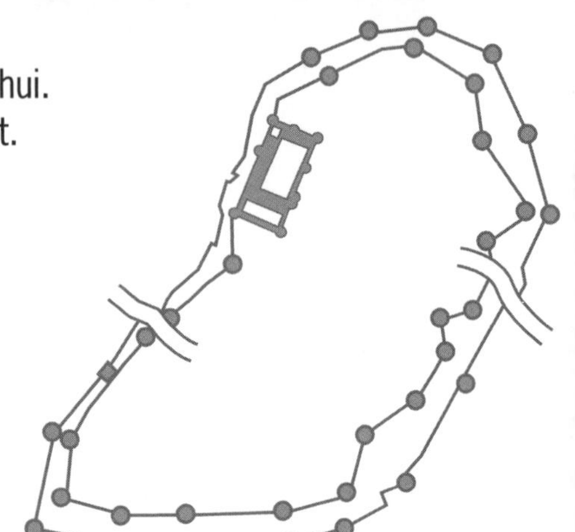

a) Observe les angles formés par la muraille intérieure. Combien d'angles aigus vois-tu?

____

b) Combien d'angles rentrants trouves-tu? Identifie-les sur le plan à l'aide de lettres (A, B, C, etc.).

____

c) Repère le plus petit angle de la muraille extérieure, puis estime sa mesure.

____

d) Prolonge les côtés de l'angle repéré en **c)** et détermine sa mesure à l'aide d'un rapporteur.

____

2 Au fil des siècles, la défense des villes et des châteaux s'est raffinée. On a construit des fortifications plus efficaces.

L'illustration ci-contre montre une vue aérienne de la citadelle d'Halifax, en Nouvelle-Écosse.

a) Examine chacun des angles formés par la muraille. Combien d'angles aigus comptes-tu? Trace-les en **rouge**.

____

____

b) Combien d'angles rentrants vois-tu ?
Trace-les en **bleu**.

____

____

c) Estime la mesure du plus petit angle aigu.

____

____

____

____

____

Meurtrière

d) Prolonge les côtés de l'angle aigu que tu as trouvé en **c)** et détermine sa mesure à l'aide d'un rapporteur.

____

3 Les forteresses et les châteaux médiévaux comportaient de nombreuses meurtrières. Les meurtrières sont des ouvertures pratiquées dans une muraille pour pouvoir observer les environs et jeter des projectiles sur les ennemis.

Voici une représentation d'une meurtrière vue de dessus.

Trace deux lignes qui marquent les limites du champ de vision à travers la meurtrière.

a) Quelle est la mesure de l'angle du champ de vision ?

____

____

b) De quel type d'angle s'agit-il ?

____

____

Activité 12

Des nombres pour s'amuser !

Arithmétique

Multiplication par un nombre à un chiffre ➤ p. 81, 102, 103

Résolution de problèmes

1, 2, 3... Partez ! Les premiers nombres utilisés par les humains ont été appelés tout naturellement des « nombres naturels ». Ce sont ces nombres qui nous servent à compter depuis l'époque préhistorique. Quoi de plus... naturel !

Et comme l'être humain aime bien s'amuser, pourquoi ne pas le faire avec des nombres ? Il a alors inventé d'autres nombres aux noms étranges : les nombres parfaits, les nombres triangulaires, les nombres palindromes, les nombres amicaux, etc.

1 Un nombre palindrome est un nombre dont les chiffres se lisent de la même façon dans les deux sens, soit de gauche à droite et de droite à gauche. Par exemple, 141, 929 et 454 sont des nombres palindromes.

a) Donne deux autres exemples de nombres palindromes à trois chiffres.

____

b) Donne deux exemples de nombres palindromes à quatre chiffres.

____

c) Donne deux exemples de nombres palindromes à trois chiffres dont le double **est aussi** un nombre palindrome.

2 Un nombre peut s'écrire de plusieurs façons. Par exemple, on peut écrire le nombre 100 comme étant la somme de deux nombres : 25 + 75 ou 50 + 50, ou comme étant un produit de deux nombres : 25 × 4 ou 20 × 5.

Écris chacun des nombres suivants comme le produit d'un nombre à trois chiffres par un nombre à un chiffre, de deux façons différentes.

a) 1024 = ________ × ________ = ________ × ________

b) 2275 = ________ × ________ = ________ × ________

c) 1920 = ________ × ________ = ________ × ________

3 En utilisant une seule fois n'importe quels chiffres de 0 à 9, forme un nombre de trois chiffres et un nombre de un chiffre dont le produit est :

a) le plus petit possible ; 

b) le plus grand possible. ____________________

4 Le tableau ci-contre est un carré magique. Sa somme magique est 15.

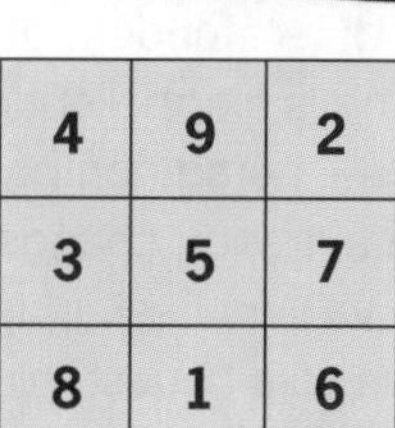

4	9	2
3	5	7
8	1	6

a) Construis un nouveau carré magique en multipliant par 894 chaque nombre du carré magique ci-contre.

b) Quelle est la nouvelle somme magique ?

____

5 Il manque une valeur dans chacune des équations ci-dessous. Trouve les termes manquants.

a) $3 \times$ ________ $= 375$

b) $677 \times$ ________ $= 2031$

c) $4 \times$ ________ $= 6 \times 12$

d) ________ $\times 9 = 963$

6 Effectue les opérations des trois premières égalités, puis essaie de prédire la valeur des égalités suivantes. Effectue ensuite les calculs.

1	×	9	+	2	=	________
12	×	9	+	3	=	________
123	×	9	+	4	=	________
1 234	×	9	+	5	=	________
12 345	×	9	+	6	=	________
123 456	×	9	+	7	=	________

Activité 13

Salle des départs

Mesure

Relations d'équivalence, mesure du temps ➤ p. 78, 81, 85, 102, 103

Résolution de problèmes

La Terre tourne autour du Soleil. Ainsi, pendant que le jour se lève d'un côté de la planète, l'autre côté plonge progressivement dans la nuit. Pour cette raison, il a été convenu de définir l'heure localement. Pour cela, on a divisé le globe terrestre en 24 tranches plus ou moins verticales qui s'étendent du nord au sud. Ces tranches s'appellent des « fuseaux horaires ». Lorsqu'on passe d'un fuseau à un autre, on change d'heure : plus on va vers l'est, plus il est tard, et plus on va vers l'ouest, plus il est tôt. La différence d'heure locale entre deux endroits au même moment de la journée se nomme « décalage horaire ».

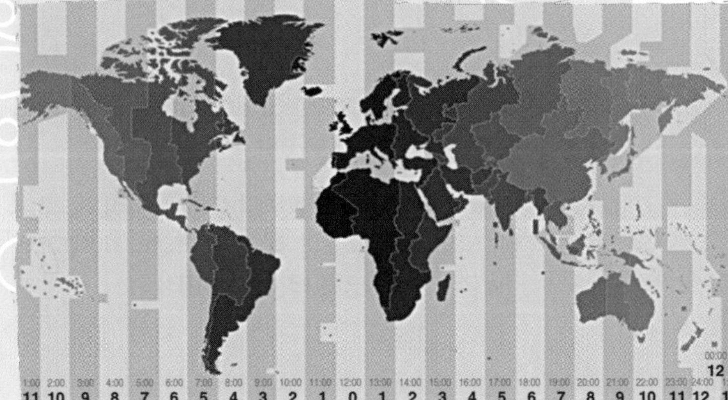

Les fuseaux horaires

1 Sébastien et sa famille demeurent à Montréal. Ils visiteront bientôt les grands-parents, qui résident à Vancouver. Le voyage se fera en avion. Entre Montréal et Vancouver, le décalage horaire est de trois heures.

Voici l'horaire des départs et des arrivées soumis par la compagnie aérienne pour ce voyage.

	Date	Ville	Heure locale
Départ	Mardi, 12 octobre	Montréal	8:30
Arrivée	Mardi, 12 octobre	Vancouver	10:45
Départ	Samedi, 16 octobre	Vancouver	14:15
Arrivée	Samedi, 16 octobre	Montréal	21:52

a) Quelle heure sera-t-il à Vancouver au moment du départ de la famille de Sébastien de l'aéroport de Montréal ?

____

b) Quelle heure sera-t-il à Montréal au moment de l'arrivée de la famille de Sébastien à l'aéroport de Vancouver ?

____

c) Quelle aura été la durée du vol de Montréal à Vancouver ?

____

2 Sébastien a trouvé le voyage de retour à Montréal beaucoup plus long que le voyage pour se rendre à Vancouver. À l'aller, le voyage s'est déroulé dans l'avant-midi. Au retour, la famille a dû souper à bord de l'avion.

Selon son père, Sébastien a tort quant à la longueur du voyage. Quelle a été la durée du vol de Vancouver à Montréal?

3 Impatient de rentrer à la maison, Sébastien a noté sur sa montre qu'il s'est écoulé 157 minutes entre le moment où l'avion s'est posé à Montréal et le moment où la famille a été de retour à la maison.

Combien d'heures et de minutes se sont écoulées pendant cet intervalle?

4 Dès son arrivée à la maison à Montréal, Sébastien a voulu appeler ses grands-parents à Vancouver pour les rassurer quant à leur arrivée. Sa mère n'était pas d'accord avec cette idée, persuadée que les grands-parents étaient déjà au lit.

a) Quelle heure était-il à ce moment-là à Montréal?

b) Quelle heure était-il à Vancouver?

Activité 14 Tomber dans les pommes

Arithmétique
Relation d'égalité
➤ p. 81, 102, 103
Multiplication de deux nombres naturels
➤ p. 81, 102, 103
Résolution de problèmes

Chez les Lussier, à Saint-Antoine-Abbé, la culture de la pomme est une tradition familiale. De la mi-septembre à la fin du mois d'octobre, c'est le temps des pommes. On cueille les fruits à la main, un à un, sans trop les serrer. On tourne délicatement la pomme pour la détacher de la branche et ainsi protéger le bourgeon qui émergera l'année suivante. Puis on la dépose doucement dans un panier pour éviter de la meurtrir. Les pommes ainsi manipulées se conserveront plus longtemps et demeureront croquantes. Avec de tels soins, on peut prévoir une excellente production.

1. Rodrigue sait par expérience que pour chaque heure d'ensoleillement dans une journée, son équipe de ramasseuses et de ramasseurs remplit environ 80 mannes de pommes. Chaque jour, il a noté les heures d'ensoleillement, et ce, dès la première semaine de la récolte.

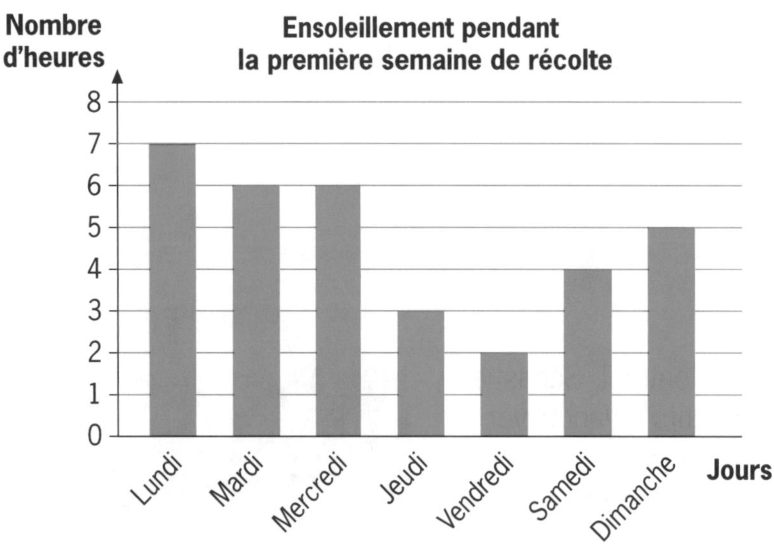

Calcule le nombre de mannes de pommes qui ont pu être cueillies au cours de cette semaine, selon le nombre d'heures d'ensoleillement indiquées dans le diagramme à bandes.

2 Rodrigue doit livrer ses pommes rapidement aux divers marchés des environs. Il les emballe dans des petits sacs d'environ 10 pommes, des petites mannes d'environ 25 pommes et des boîtes d'environ 150 pommes.

a) Le Marché Trudeau a commandé 50 petits sacs, 45 petites mannes et 32 boîtes de pommes.

Combien de pommes cette seule commande représente-t-elle?

b) Rodrigue sait qu'un kilogramme de pommes contient en moyenne cinq pommes et que chaque kilogramme de pommes vendu lui rapporte 0,55 $ de profit.

Quel sera son profit sur la commande du Marché Trudeau?

3 Dans le verger, les rangées de pommiers sont numérotées de 1 à 40 à l'aide de petits panneaux. Malheureusement, le soleil et la pluie ont effacé les nombres sur les panneaux. Rodrigue a donc demandé à sa fille Katerine de repeindre tous les chiffres. Pour sa peine, il lui donnera 25 ¢ **par chiffre**.

Quelle somme Katerine recevra-t-elle si elle s'acquitte de sa tâche?

Activité 15

Les tours de Hanoï

Arithmétique

Puissances ➤ p. 88, 90

Exposants ➤ p. 88, 90

Résolution de problèmes

Dans les temps anciens, on se distrayait autrement qu'avec la télévision et les jeux vidéo. On jouait, par exemple, aux échecs et à des jeux de cartes ou de dés, inventés il y a très longtemps. Il y avait aussi le jeu des tours de Hanoï, dont les origines sont presque aussi anciennes que celles du jeu d'échecs.

1 Le jeu des tours de Hanoï comprend trois tiges – les « tours » – fixées sur une planchette, et des anneaux. Au début d'une partie, un certain nombre d'anneaux sont empilés sur la tour 1, par ordre décroissant de taille.

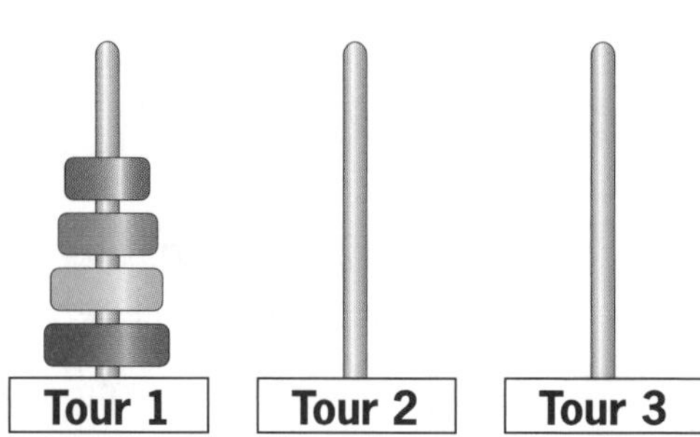

Le jeu consiste à empiler avec le moins de déplacements possible tous les anneaux de la tour 1 à la tour 3. Les règles suivantes doivent être respectées :

- On peut placer un anneau seulement sur une tour vide ou sur un anneau plus grand.
- On ne déplace qu'un anneau à la fois.

a) Pour comprendre le lien qui existe entre le nombre d'anneaux et le nombre de coups requis pour transférer les anneaux, tu auras besoin de connaître les puissances de 2. Complète le tableau suivant en ajoutant quatre termes à chacune des deux suites.

Puissance	1	2	3	4	5	6	7	8
Avec exposant	2^1	2^2	2^3	2^4				
Valeur	2	4	8	16				

b) Le tableau ci-dessous donne le nombre minimal de coups nécessaires pour déplacer tous les anneaux, selon le nombre d'anneaux utilisés. Complète ce tableau en ajoutant quatre termes à la suite.

Aide | Utilise la dernière ligne du tableau précédent.

Nombre d'anneaux	1	2	3	4	5	6	7	8
Nombre de déplacements	1	3	7	15				

Réussirais-tu à déplacer les anneaux selon le nombre minimal de coups nécessaires ? Essaie de relever le défi !

2 Le plateau du jeu d'échecs est un damier généralement constitué de cases blanches et de cases noires.

Si l'on forme des carrés à partir d'un coin en ajoutant une rangée et une colonne à chaque étape, on obtient une suite de nombres intéressante.

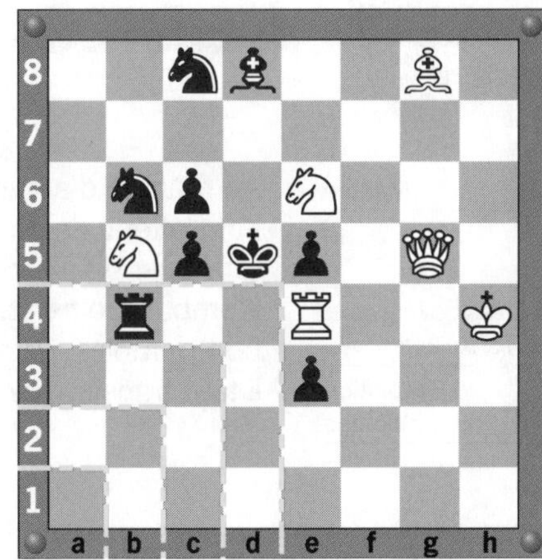

Nombre de rangées et de colonnes	1	2	3	4	5	6	7	8
Nombre de cases	1	4	9					

a) Ajoute les termes manquants dans la suite.

b) De quelle suite s'agit-il?

____

3 Au jeu de pile ou face, lorsqu'on lance une pièce, on peut obtenir deux résultats: pile ou face. On a une chance sur deux d'obtenir l'une ou l'autre de ces éventualités.

Si on lance deux pièces, il y a quatre résultats possibles, comme l'illustre le diagramme.

a) Continue le diagramme pour représenter les résultats possibles quand on lance trois pièces.

b) Complète le tableau ci-dessous pour déterminer le nombre de résultats possibles selon le nombre de pièces.

1 pièce **2 pièces** **3 pièces**

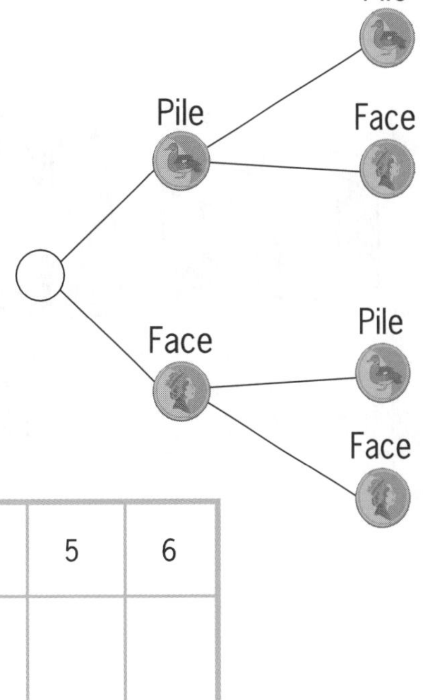

Nombre de pièces	1	2	3	4	5	6
Nombre de résultats possibles	2	4				

c) Observe la suite ainsi formée. De quelle suite s'agit-il?

____

____

Activité 16

L'épicerie

Mesure

Relations d'équivalence ➤ p. 104

Mesures de masse et de capacité ➤ p. 89

Résolution de problèmes

Au marché d'alimentation, certains types de produits sont offerts en différents formats. Comment s'y retrouver parmi tous ces contenants sur les tablettes ? L'emballage ne fournit pas toujours des informations comparables. Parfois, pour déterminer le meilleur achat, il faut transformer les informations données.

1 Au magasin d'alimentation, Louis cherche des jus de fruits pour apporter à l'école dans sa boîte à lunch. Il a le choix entre des contenants individuels ou de plus grands contenants qu'il pourra par la suite transvider dans sa bouteille réutilisable.

Louis a retenu les quatre produits illustrés dans le tableau ci-dessous. Pour l'aider à faire un choix éclairé, remplis le tableau en répondant aux questions qui suivent.

a) Quelle est, en millilitres, la capacité totale de chaque emballage?

b) Louis considère qu'une portion de 200 à 300 ml est suffisante pour un repas. Combien de portions peut-il obtenir dans chaque cas? Tiens compte de la capacité totale de tous les contenants.

c) Quel est le prix d'une portion de jus dans chaque cas? Arrondis tes réponses au cent près.

	3 boîtes 200 ml chacune **Prix: 0,89 $**	6 bouteilles 300 ml chacune **Prix: 3,00 $**	12 canettes 355 ml chacune **Prix: 4,99 $**	1 bouteille 1,89 litre **Prix: 1,89 $**
a) Capacité totale				
b) Nombre de portions				
c) Prix d'une portion				

2 Un litre d'eau de source a une masse de 1 kg. Cependant, l'eau se vend souvent dans des contenants plus petits.

a) Si tes parents achètent un paquet de 6 bouteilles de 500 ml, quelle est, en kilogrammes, la masse de l'eau contenue dans toutes ces bouteilles?

b) Quelle est, en grammes, la masse de l'eau contenue dans une bouteille de 750 ml?

3 Une fontaine d'eau de source utilise des bouteilles de 18 L.

a) Quelle est la masse de l'eau contenue dans une telle bouteille?

b) Combien de verres d'eau de 250 ml contient-elle?

c) Pour un marathon de 10 km, on a reçu 540 inscriptions. On a calculé que chaque participant aurait besoin d'environ 10 verres d'eau. De combien de contenants de 18 litres aura-t-on besoin?

Ordre de grandeur

Arithmétique
Carrés, cubes ➤ p. 88, 90
Exposants ➤ p. 88, 90
Équivalences ➤ p. 72, 74, 84, 86
Résolution de problèmes

L'arithmétique te met en contact avec de nouvelles écritures des nombres et de nouvelles façons d'établir des équivalences. Te sens-tu habile à distinguer ce qui est plus grand de ce qui est plus petit ? Voici de quoi te plonger dans une réflexion extrême !

1 Dans chaque cas ci-dessous, laquelle des deux expressions représente le plus grand nombre ? Effectue les calculs puis encercle la bonne réponse.

a)	Le carré de 10	Le cube de 5
b)	3^5	5^3
c)	100×2^5	$(5 \times 100)^2$

2 Dans chaque cas ci-dessous, quel paquet est le plus lourd ? Effectue les calculs puis encercle la bonne réponse.

a)	3 boîtes de 1 kg de sel	10 boîtes de 250 g de sel
b)	5 boîtes de 500 g d'avoine	3 paquets de 1,5 kg de gruau d'avoine

3 Patrice et Émilie, des architectes, préparent une maquette pour un projet d'ensemble résidentiel. Pour réaliser les modèles d'habitations, ils utilisent des cubes de un centimètre de côté.

Le modèle de Patrice aura 32 cm de hauteur, 20 cm de largeur et 20 cm de profondeur.

Quant au modèle d'Émilie, moins haut mais plus étendu, il aura 25 cm de hauteur, 25 cm de largeur et 18 cm de profondeur.

Qui, des deux architectes, utilisera le plus de cubes?

4 Chez les Mayas, en Amérique centrale, on construisait des temples-pyramides. Souvent, ils avaient une forme étagée.

Imagine que tu veuilles construire un modèle réduit d'une telle pyramide en utilisant des cubes de 1 cm sur 2 cm sur 1 cm.

Pour y voir plus clair, tu commencerais par deux cubes représentant l'étage 1. Ensuite, pour l'étage 2, tu poserais autant de cubes qu'en contient l'étage 1 en les entourant d'une nouvelle rangée de cubes. Tu ferais de même pour l'étage 3, l'étage 4, etc.

a) Combien de cubes faudrait-il pour construire une pyramide de cinq étages?

b) Quel serait le volume de ta pyramide, en centimètres cubes?

Activité 18

Sudoku

Arithmétique

Nombres premiers et nombres composés ➤ p. 91, 92

Décomposition à l'aide d'exposants ➤ p. 88, 90

Résolution de problèmes

À l'été 2005, le jeu de sudoku, d'origine japonaise, est devenu très populaire un peu partout dans le monde. Le mot *sudoku* se traduit par l'expression « chiffre unique ». Ce jeu consiste à trouver un arrangement unique de nombres, comme dans la combinaison d'un coffre-fort ou d'un cadenas.

1 Tu connais bien les nombres premiers, les nombres carrés, les nombres cubiques et les nombres composés.

Les questions ci-dessous portent sur les nombres suivants :

120, 125, 144, 150, 221

a) Donne la liste de tous les diviseurs de 125.

b) Parmi les diviseurs de 125, lequel ou lesquels sont des nombres premiers ?

Les nombres premiers qui divisent un nombre sont appelés ses diviseurs premiers.

c) Combien de diviseurs premiers le nombre 144 a-t-il ?

d) Quels sont les diviseurs premiers de 221 ?

e) Les nombres 120 et 150 sont des nombres composés. Lequel a le plus de diviseurs ?

2 Les diviseurs d'un nombre peuvent être représentés dans un treillis. Voici le treillis des diviseurs de 100. On y trouve tous les diviseurs, exprimés avec des exposants, au besoin.

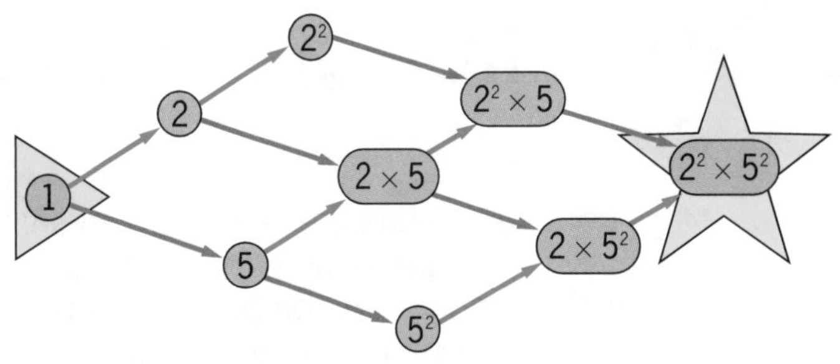

a) Décompose le nombre 100 en un produit de puissances de ses diviseurs premiers.

____

b) Dans le treillis, quelles opérations les flèches de couleur représentent-elles ?

Flèche rouge : ______________________________

Flèche verte : ______________________________

3 **a)** Complète le treillis des diviseurs de 225.

b) Décompose le nombre 225 en un produit de puissances de ses diviseurs premiers.

____

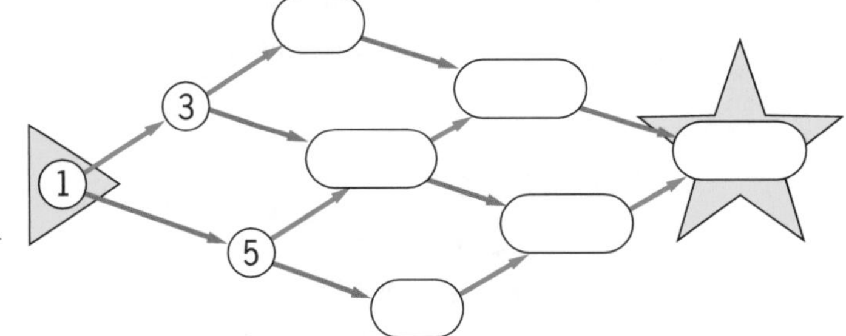

4 Le jeu de sudoku comporte les règles suivantes.

- Chaque petite grille de 3 cases sur 3 cases doit contenir tous les chiffres de 1 à 9 une seule fois.
- Chaque ligne et chaque colonne de la grande grille doivent aussi contenir, une seule fois, les chiffres de 1 à 9.

Sauras-tu trouver la clé de la grille ci-contre ?

1	2				4		9	5
7	6			5	9			4
				2		8		
	3				6	1	7	
		7	9		2	5		
	1	2	5				4	
		6		7				
5			2	4			3	6
3	8		6				1	7

Activité 19

Trois petits cochons...

Arithmétique

Relation d'égalité ➤ p. 81, 103

Division ➤ p. 81, 92, 102, 103

Nombres décimaux ➤ p. 100

Résolution de problèmes

As-tu une tirelire? Si oui, tu sais sûrement que, lorsque vient le moment d'utiliser la monnaie accumulée, on peut regrouper les pièces en rouleaux selon des normes précises. Une fois le travail terminé, on a la satisfaction de pouvoir se servir de son petit magot pour se faire plaisir.

1 Ahmed a économisé patiemment toute la monnaie qui lui est passée entre les mains. Aujourd'hui, il veut faire ses comptes en prévision d'une sortie au centre commercial. Il vide sa tirelire et compte ses pièces de monnaie. Voici le contenu de sa tirelire.

5,14 $ en pièces de 1 ¢.
3,20 $ en pièces de 5 ¢.
7,40 $ en pièces de 10 ¢.
12,50 $ en pièces de 25 ¢.
27,00 $ en pièces de 1 $.
16,00 $ en pièces de 2 $.

a) Quelle somme d'argent a-t-il accumulée?

b) Combien de pièces de monnaie a-t-il en tout?

c) Ahmed veut utiliser cet argent pour acheter des disques. S'il veut se procurer quatre disques, quelle somme maximale doit-il réserver pour chacun?

2 Ahmed sépare ses pièces de monnaie selon leur valeur, soit 1 ¢, 5 ¢, 10 ¢ et ainsi de suite, pour en faire des rouleaux. Selon la valeur des pièces, les rouleaux doivent contenir des quantités différentes de pièces. Par exemple, un rouleau de pièces de 1 ¢ contient 50 pièces, pour une valeur de 50 ¢.

Complète le tableau ci-dessous pour connaître le nombre de rouleaux qu'Ahmed pourra préparer.

Pièces	Nombre de pièces requises	Valeur	Nombre de rouleaux d'Ahmed	Pièces restantes
1 ¢	50	0,50 $	10	14
5 ¢	40	2,00 $	1	
10 ¢	50	5,00 $		
25 ¢	40	10,00 $		
1 $	25	25,00 $		
2 $	25	50,00 $		
		Total		

3 Jeanne veut profiter d'une sortie au centre commercial pour faire quelques achats. Elle retire de sa tirelire une somme de 78 $ en petite monnaie.

Elle veut acheter cinq albums photos. Quelle somme maximale chaque album doit-il coûter?

4 Pedro sait qu'il n'a pas beaucoup d'argent dans sa tirelire. Il n'y accumule que des pièces de 1 ¢.

Pedro a appris que chaque pièce de 1 ¢ pèse 2,5 g. Deux pièces pèsent donc 5 g. Pour éviter de compter toutes ses pièces, il a décidé de les placer toutes ensemble sur la balance de cuisine. La balance indique 1885 g.

Combien de pièces de 1 ¢ Pedro a-t-il?

Activité 20

Gros comme le monde !

Arithmétique

Les grands nombres ➤ p. 74, 84, 87

Mesure

Aire ➤ p. 97

Résolution de problèmes

Combien y a-t-il de grains de riz dans un sac ? De grains de sable sur la plage ? Connais-tu des moyens pour calculer rapidement des quantités « grosses comme le monde », comme le nombre de nœuds dans ce tapis ?

1 Un tapis est fait de brins que l'on noue un à un, côte à côte. Un tapis de soie haut de gamme peut avoir plus de 100 nœuds dans un carré de un centimètre de côté. Un tapis de soie ordinaire compte 50 nœuds dans le même espace et un tapis de laine, 8 nœuds.

a) Combien peut-il y avoir de nœuds dans un tapis de laine de 120 cm sur 100 cm ?

b) Un artisan expérimenté peut faire jusqu'à 20 nœuds à la minute, en moyenne. À ce rythme, combien de temps lui faut-il pour réaliser tous les nœuds d'un tapis de soie ordinaire de 1 m sur 2 m ?

c) La fabrication de tapis remonte à plus de 2500 ans. Les tapis les plus fins comptent jusqu'à 90 000 nœuds au mètre carré. Combien y a-t-il de nœuds dans un tapis de 2 m sur 3 m ?

2 La broderie exige du temps et de l'attention. L'un des points utilisés est le point de croix. Dans le modèle ci-dessous, le canevas comprend 9 cases en largeur et 6 cases en hauteur. Chaque case est subdivisée en 81 petits carrés. S'il faut broder une croix de couleur dans chaque petit carré, combien faudra-t-il en faire en tout?

3 Quand on entre dans l'univers des grands nombres, on peut se sentir étourdi et ne plus savoir comment compter. Pourtant, avec un peu de concentration, les choses deviennent plus faciles. Ne te laisse donc pas étourdir par les questions suivantes.

a) Quel est le **maximum** de nombres de six chiffres que l'on peut additionner pour obtenir une somme de 1 000 000? Explique comment tu as trouvé ce maximum.

b) Sur des cartons, on a écrit les chiffres de 0 à 9. Utilise ces chiffres une seule fois chacun pour former deux nombres de cinq chiffres de façon que leur somme soit **la plus grande** possible. Quel a été ton raisonnement?

Activité 21

À vol d'oiseau

Mesure

Relation d'équivalence
➤ p. 93

Mesure de longueurs
➤ p. 93

Résolution de problèmes

As-tu déjà consulté une carte géographique ou une carte routière ? Ces cartes sont des représentations qui nous permettent de repérer des lieux ou encore de connaître la distance entre des villes et des villages. Mais à partir d'une carte, saurais-tu calculer la distance réelle entre deux endroits ?

1. La carte routière ci-dessous représente la région de Québec. Le trait rouge qui traverse le fleuve indique l'endroit où s'effectue la traversée Québec-Lévis. La longueur de cette traversée, à vol d'oiseau, est de 950 mètres.

a) Quelle est cette distance exprimée en kilomètres ?

____

b) Quelle est la dimension de la carte, en centimètres ?

____

c) Quelle est la dimension de la région représentée par la carte, en kilomètres ?

____

d) Une bernache volant à 60 km par heure mettrait combien de temps à traverser cette région dans sa plus grande dimension ?

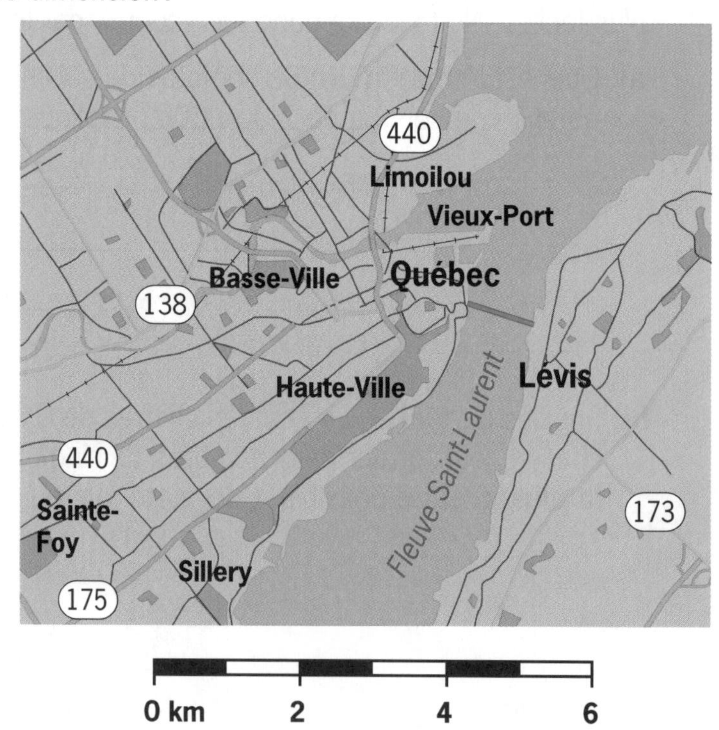

2 Le trajet réel du traversier entre Québec et Lévis, indiqué par le trait rouge sur la carte de la page précédente, est de un kilomètre d'une rive à l'autre. La traversée dure 10 minutes.

Quelle distance, en mètres, le traversier parcourt-il en moyenne chaque minute ?

3 L'été dernier, dans le cadre d'un camp de jour, un groupe de jeunes a eu l'occasion de passer une journée de plein air sur le site des plaines d'Abraham, à Québec.

La responsable avait donné des instructions pour l'aménagement du site. Cependant, dans le texte distribué aux jeunes et reproduit ci-dessous, des erreurs s'étaient glissées dans les unités de mesure.

Corrige les unités de mesure avec les unités qui conviennent.

Camp des Plaines

- Les tentes devront être installées près de la haie de grands arbustes.
- Le périmètre du camp sera délimité à l'aide de piquets munis de drapeaux de **200 m** de longueur.
- Pour fixer les tentes, prévoir une trentaine de piquets de **15 mm** de longueur.
- Il faudra ensuite déterminer une aire de repas à proximité, soit à environ **25 km** des tentes.
- La ville de Québec fournira suffisamment de tables de pique-nique de **2 cm sur 1 cm** pour accommoder tout le monde.

a) 200 m ____________________

b) 15 mm ____________________

c) 25 km ____________________

d) 2 cm sur 1 cm ____________________

Activité 22

L'avenir est dans l'œuf

Arithmétique
Fractions et parties équivalentes ➤ p. 75
Réduction de fractions et fractions irréductibles ➤ p. 95
Résolution de problèmes

Les œufs sont à la base de l'alimentation d'une grande partie de la population un peu partout dans le monde. On les déguste de plusieurs façons : à la coque, pochés, brouillés, etc.

Avant d'être vendus à l'épicerie, les œufs sont lavés, pesés et classés selon leur taille – petits, moyens, gros, extragros – et leur qualité – catégorie A ou B.

Pour être classé dans la catégorie A, un œuf doit avoir, entre autres, un blanc ferme et un jaune bien centré dans l'œuf. Sa coquille doit avoir une forme naturelle sans fissure. Les œufs ne répondant pas à ces critères sont classés dans la catégorie B.

1 La famille de Pierre-Paul vient de s'établir dans une petite ferme. Elle y a aménagé un poulailler de 64 poules pondeuses qui sont réparties également dans huit petits enclos.

a) Combien de poules y a-t-il par enclos?

____

b) Quelle fraction de l'ensemble des poules représente le nombre de poules par enclos? Exprime ta réponse par une fraction irréductible.

____

____

2 Le tableau ci-dessous donne la répartition des œufs ramassés en une semaine dans un enclos. Les œufs y sont répartis par taille. Dans le cas de chaque taille, donne la fraction correspondant aux œufs ramassés. Réduis ensuite cette fraction.

	Petits	Moyens	Gros	Extragros	Total
Nombre d'œufs	12	14	18	16	
Fraction					
Fraction réduite					

3 Pierre-Paul a la tâche de nettoyer les œufs et de les mirer, c'est-à-dire regarder à l'intérieur à l'aide d'une lampe pour les classer.

La semaine dernière, l'ensemble des poules du poulailler ont donné 360 œufs. Le tableau ci-dessous résume la répartition des œufs selon la catégorie.

	Catégorie A	Catégorie B	Œufs brisés	Total
Nombre d'œufs	270	72	18	**360**

a) Quelle fraction de cette collecte a été classée dans la catégorie A ? Donne une fraction réduite.

b) Quelle fraction les œufs brisés représentent-ils ? Donne une fraction réduite.

c) Généralement, il y a moins de 2 œufs sur 100 qui sont brisés avant la collecte. Cette semaine-là, la quantité d'œufs brisés a-t-elle été plus grande, égale ou moins grande que la quantité habituelle d'œufs brisés ?

4 La caille domestique est aussi élevée pour ses œufs. Plus petits, ils sont très appréciés en cuisine, notamment dans la cuisine orientale. Une caille adulte peut pondre en moyenne 250 œufs par année.

Kelly aimerait élever des cailles. Elle s'initiera à l'élevage avec une volière de 20 cailles. Si, en moyenne, $\frac{9}{10}$ des œufs de caille recueillis sont propres à la vente, combien pourrait-elle en vendre en un an ?

Laboratoire de photos

Arithmétique

Synthèse sur les fractions ➤ p. 75, 82, 94, 95

Résolution de problèmes

Dans les laboratoires de photographie, on développe des photos à partir de pellicules traditionnelles ou de fichiers numériques. L'impression de photos à partir d'un fichier numérique offre un grand avantage : on peut l'effectuer à la maison, à l'aide d'une imprimante couleur.

Les photos nous aident à nous remémorer des moments heureux, comme une sortie à la cabane à sucre...

1 Catherine veut faire reproduire les meilleures photos de sa visite à la cabane à sucre. Les formats proposés par le laboratoire de photos sont les suivants.

Format d'impression	Largeur (mm)	Hauteur (mm)	Rapport
Porte-monnaie	35	50	
Standard	100	150	
Album	150	200	
Tableau	200	250	
Affiche	300	500	

a) Remplis la colonne de droite du tableau. Pour chaque format, précise la fraction réduite qui exprime le rapport de la largeur à la hauteur.

b) Place par ordre croissant les fractions que tu as notées dans le tableau.

c) L'ordre de grandeur de ces fractions a-t-il quelque chose à voir avec la taille des photos ? Explique ta réponse.

2 Catherine a choisi un format de photo plus large que haut dont le rapport de la largeur à la hauteur sera de $\frac{3}{2}$.

a) Si elle veut des photos de 15 cm de largeur, quelle sera l'autre dimension?

____

b) Si elle veut une photo de 30 cm de hauteur, quelle sera sa largeur?

____

3 Catherine a commandé un montage de 13 photos dont le rapport des dimensions largeur-hauteur est de $\frac{3}{4}$ pour chacune. Le montage sera effectué sur un tableau de 24 cm de largeur sur 32 cm de hauteur.

a) Quelles seront les dimensions de l'espace occupé par chacune des petites photos?

b) Quelles seront les dimensions de l'espace occupé par la photo centrale?

c) Si Catherine avait choisi un format $\frac{2}{3}$ au lieu de $\frac{3}{4}$, tout en conservant la même largeur, quelles auraient été les dimensions totales du montage?

Activité 24

Au commencement était... le triangle

Géométrie

Classification des triangles ➤ p. 96

Résolution de problèmes

Le triangle est une structure indéformable. C'est pour cette raison qu'on le trouve dans les constructions les plus anciennes. Le triangle est le plus petit polygone que l'on peut construire. Pour mieux parler de cette figure à la fois simple et universelle, il faut savoir en donner les caractéristiques.

1 Un quadrilatère n'est pas une structure indéformable, tout comme n'importe quelle structure comportant plus de trois segments. On peut renforcer de telles structures en ajoutant des entretoises qui empêcheront les déformations. On forme ainsi des **triangles**. Le nombre d'entretoises nécessaires et le nombre de triangles ainsi formés dépendent du nombre de côtés du polygone.

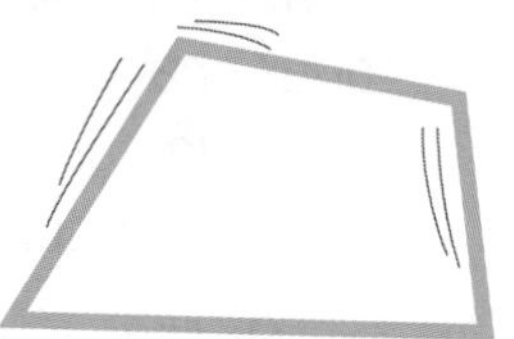

Un quadrilatère peut se déformer.

a) Complète le tableau ci-dessous.

Aide | Dessine les polygones pour mieux les visualiser.

Nombre de côtés du polygone convexe à solidifier	Nombre d'entretoises requises	Nombre de triangles formés
4	1	2
5		
6		
7		

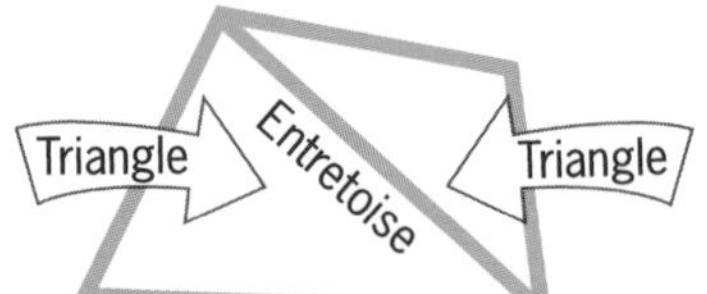

Un quadrilatère renforcé par une entretoise ne se déforme pas.

b) Combien d'entretoises faudrait-il pour consolider un polygone convexe de 10 côtés?

2 Examine attentivement les caractéristiques des triangles ci-dessous. Classe ensuite les triangles dans le diagramme de droite, en utilisant leur lettre respective.

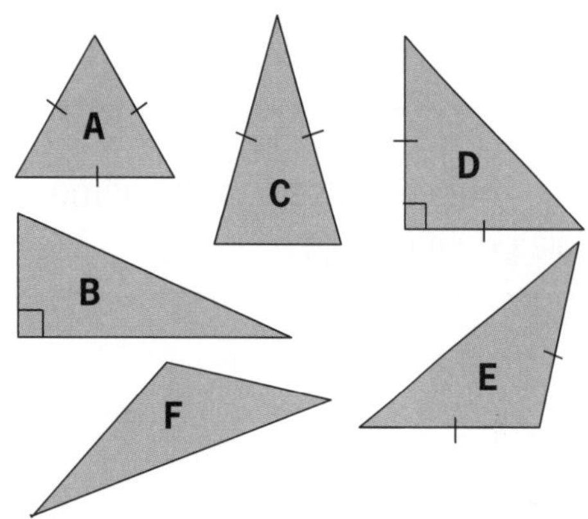

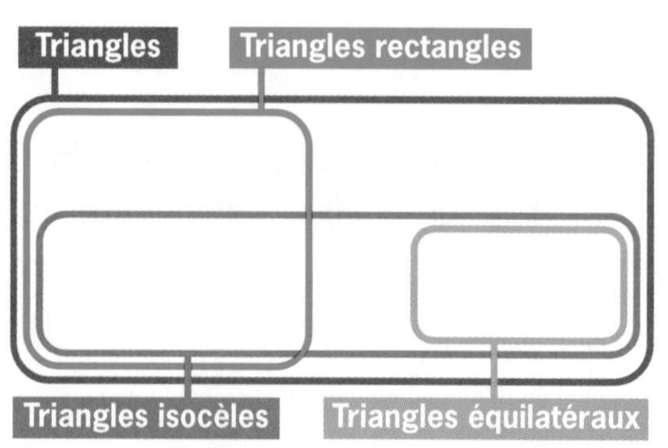

3 Le triangle est la forme la plus évidente lorsqu'on observe une pyramide. En effet, dans toutes les pyramides, les faces latérales sont des triangles.

Une pyramide prend un aspect différent selon les triangles qui la forment. Ceux-ci peuvent être isocèles, rectangles ou scalènes.

Réponds aux questions suivantes.

Aide | Découpe des modèles dans du carton.

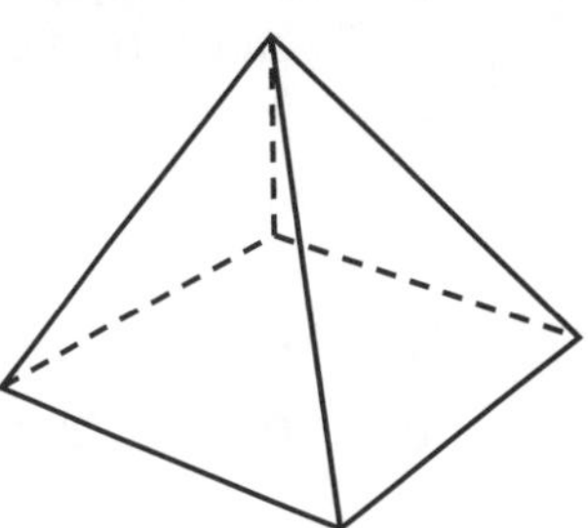

a) Est-il possible que toutes les faces latérales d'une pyramide soient des **triangles équilatéraux**?

b) Est-il possible que toutes les faces latérales d'une pyramide soient des **triangles isocèles isométriques**?

c) Est-il possible que toutes les faces latérales d'une pyramide soient des **triangles rectangles isométriques**?

4 Jonathan a participé à un concours où il s'agissait de construire le pont le plus long en utilisant le moins de spaghettis possible. Voici le schéma d'une partie de son pont.

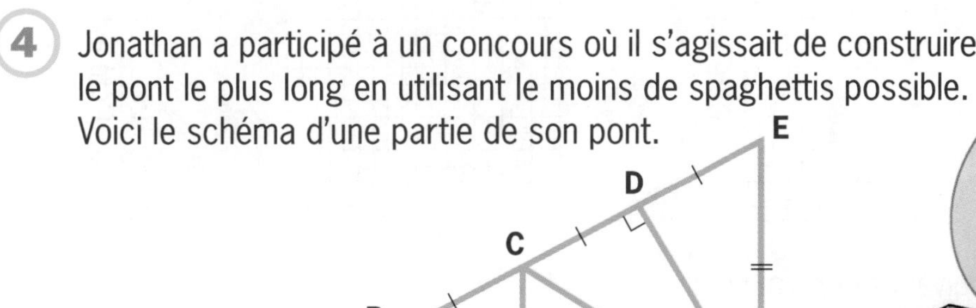

a) Combien de triangles isocèles Jonathan a-t-il utilisés? Nomme-les à l'aide des lettres.

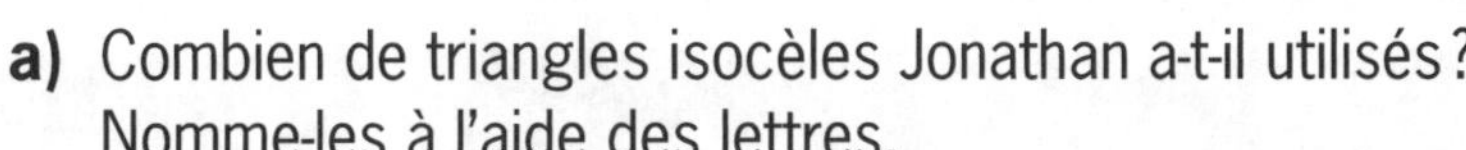

b) Combien de triangles rectangles a-t-il utilisés?

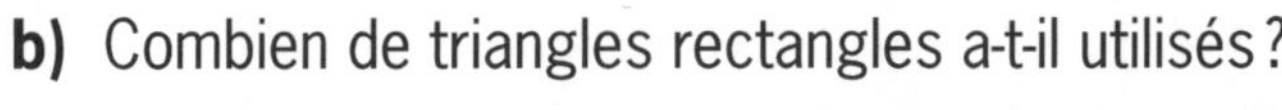

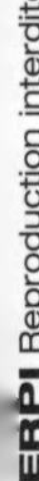

Activité 25

L'été sera chaud

Géométrie

Mesures de surfaces ➤ p. 97

Résolution de problèmes

L'été approche et c'est le temps de penser à aménager les espaces autour de la maison. La famille Turcotte dispose, à l'arrière, d'un terrain de 420 m². Pour faire plaisir à leurs enfants, les parents ont décidé d'y faire installer une piscine. Ils font appel à l'entreprise Eauclaire, qui leur soumet quatre plans possibles.

1 Examine attentivement chacun des plans proposés. Tu noteras certainement que la dimension des piscines suggérées est différente d'un plan à l'autre.

Plan 1

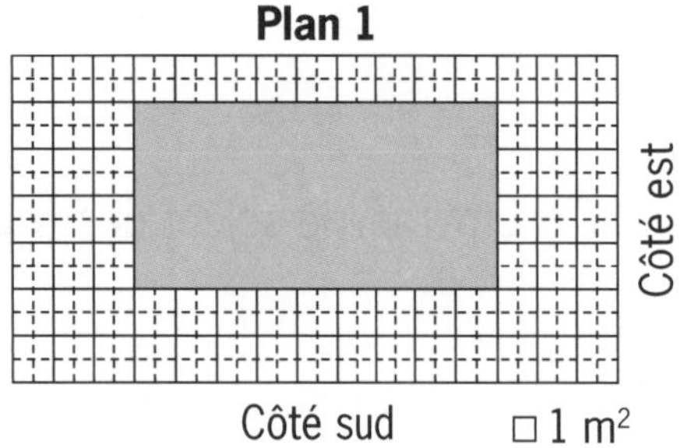

Plan 3

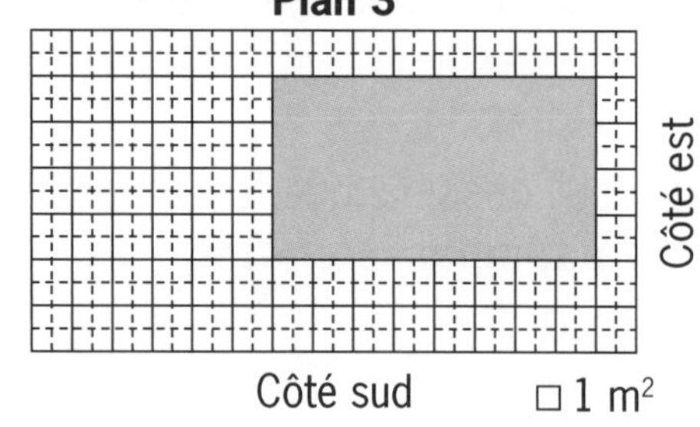

Plan 2

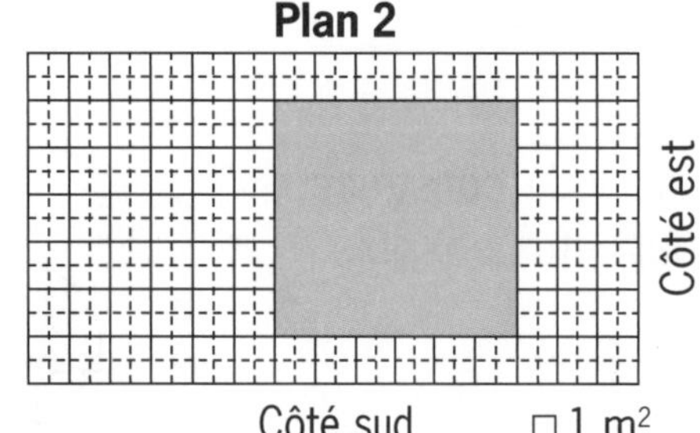

Plan 4

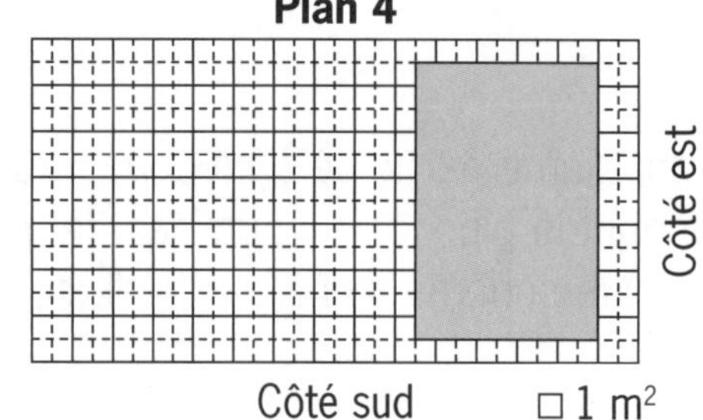

Complète le tableau suivant pour trouver :

a) les dimensions, en mètres, de chacune des piscines proposées ;

b) l'aire de la piscine dans chaque plan, en mètres carrés ;

c) la portion du terrain occupée par la piscine, exprimée par une fraction réduite.

	Plan 1	Plan 2	Plan 3	Plan 4
Dimensions				
Aire de la piscine				
Portion du terrain				

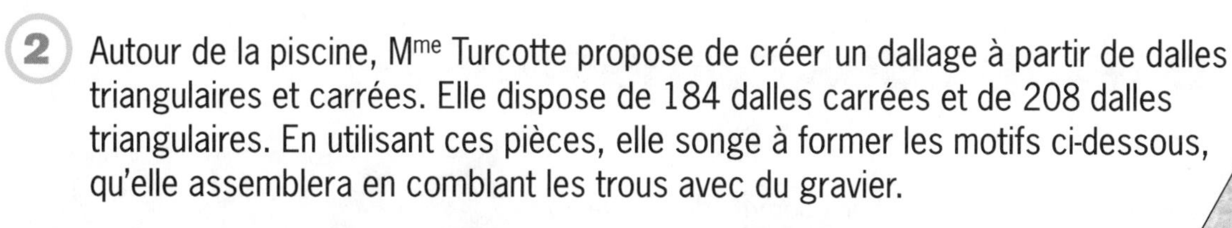

2 Autour de la piscine, Mme Turcotte propose de créer un dallage à partir de dalles triangulaires et carrées. Elle dispose de 184 dalles carrées et de 208 dalles triangulaires. En utilisant ces pièces, elle songe à former les motifs ci-dessous, qu'elle assemblera en comblant les trous avec du gravier.

Motif A

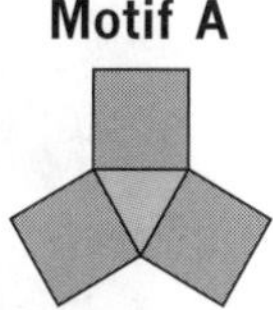

Motif B

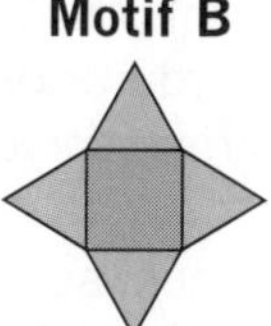

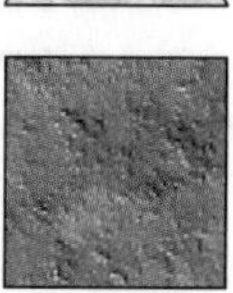

a) Si Mme Turcotte utilise uniquement le motif **A**, combien de fois pourra-t-elle le répéter avec les pièces dont elle dispose ?

b) Si Mme Turcotte se sert seulement du motif **B**, combien de fois pourra-t-elle le répéter avec les pièces dont elle dispose ?

c) Comme il resterait beaucoup de pièces inutilisées dans les deux cas, Mme Turcotte se demande combien de motifs **A** et **B** elle devrait réaliser pour utiliser **le maximum** de pièces. Pour l'aider à répondre à son interrogation, observe l'exemple donné dans le tableau ci-dessous puis fais deux essais.

	Motif A	Motif B	Motif A	Motif B	Motif A	Motif B
Nombre de dalles	**40**	**40**				
Nombre de dalles triangulaires	40	160				
Nombre de dalles carrées	120	40				
Total des triangles (maximum : 208)	**200**					
Total des carrés (maximum : 184)	**160**					
Nombre de pièces restantes	**32** 392 – 200 – 160 = 32					

d) Quelle serait la meilleure solution ?

Activité 26 Le temps des cathédrales

Géométrie

Construction d'une frise par translation ➤ p. 98

Construction d'une frise par réflexion ➤ p. 98

Résolution de problèmes

Pour décorer des constructions comme des châteaux ou des cathédrales, on a souvent utilisé des répétitions de motifs sculptés. De telles bordures ornementales, appelées « frises », peuvent être observées sur des monuments et des édifices partout dans le monde. En architecture, on s'est également servi de la répétition d'un motif pour créer des éléments décoratifs sur des colonnades, des façades, des arcades. La technique a aussi été employée pour créer des mosaïques sur les planchers et les murs.

1 Pour réaliser le plan d'une nouvelle balustrade devant entourer le chœur d'une cathédrale, l'artisan François a produit le plan ci-dessous.

Le motif bleu doit se répéter intégralement pour former le plan de la balustrade. Ajoute six autres motifs semblables en effectuant des translations du motif initial.

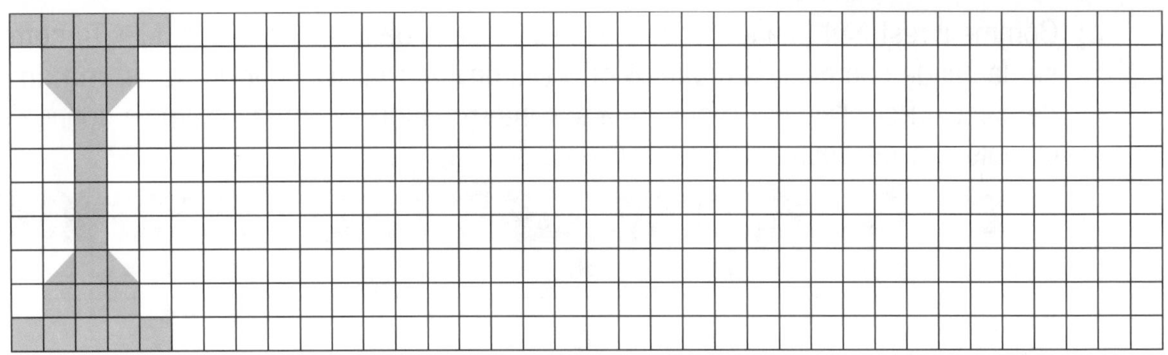

2 Pour décorer le haut des murs de la cathédrale, l'architecte a commandé une frise composée d'un motif géométrique qui se répétera. Le procédé de répétition consiste à effectuer une suite de réflexions du motif.

Complète, ci-dessous, la construction d'une portion de cette frise.

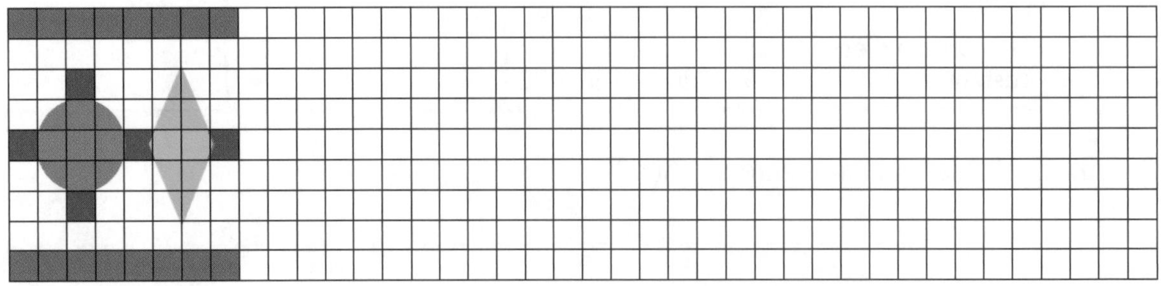

3 Pour réaliser la mosaïque de céramique ci-contre, l'artisan a reproduit un motif de base par des translations successives.

Sur l'illustration, trace un carré pour délimiter ce qui te semble être le motif de base qui a été répété.

4 Dans le monde musulman, on n'utilise jamais de représentations d'êtres vivants pour la décoration de constructions. On se sert de motifs végétaux, de motifs géométriques ou même de textes.

La frise ci-dessous orne le haut d'un portique d'une construction d'influence musulmane.

Trace un rectangle autour du motif qui a été répété à l'aide de translations.

5 Sur l'illustration de la mosaïque ci-dessous, on a tracé en orangé le contour d'un motif de base.

Trace quatre flèches de translation qui appliquent ce motif sur d'autres éléments identiques de la mosaïque.

Activité 27

Yahtzee

Probabilités
Expériences aléatoires ➤ p. 99
Résultats ➤ p. 99
Résolution de problèmes

Le jeu de Yahtzee est un très ancien jeu de hasard qui se joue avec cinq dés à six faces numérotées de 1 à 6. Lorsqu'on lance ensemble les cinq dés, il y a 7776 résultats possibles, soit $6 \times 6 \times 6 \times 6 \times 6$. Mais si l'on espère obtenir une suite parfaite avec les cinq dés, soit 1-2-3-4-5 ou 2-3-4-5-6, il n'y a que 144 façons de le faire, ce qui correspond à une chance sur 54.

1 **a)** Lorsque tu lances un dé régulier à six faces, quels sont les résultats possibles? Donnes-en la liste. ______________________

b) Si tu lançais plutôt deux dés, quels seraient les résultats possibles? Pour t'aider à en dresser la liste, complète le tableau ci-dessous.

Dé 1 / Dé 2	1	2	3	4	5	6
1	1, 1	1, 2	1, 3	1, 4	1, 5	1, 6
2	2, 1	2, 2	2, 3	2, 4		
3	3, 1	3, 2				
4	4, 1					
5	5, 1					
6	6, 1					

c) D'après le tableau, combien de chances aurais-tu d'obtenir comme résultat deux faces identiques (une paire)? Dresse la liste de ces résultats possibles.

____

____

2 Au jeu de Yahtzee, on s'intéresse aussi à la somme des points sur les faces de dessus. Dans la photo ci-contre, la somme des points est 6, soit $5 + 1 = 6$.
D'après le tableau du numéro **1**, de combien de façons peut-on obtenir une somme de 6 en lançant deux dés? Donne la liste de tous les cas possibles.

3 Roberto a la fâcheuse habitude de ne pas plier ses bas après le lavage : il les met pêle-mêle dans son tiroir. Dans sa commode, il y a en tout six paires de bas de couleurs différentes : une paire de bas verts, une paire de noirs, une paire de gris, une paire de rouges, une paire de bruns et une paire de bleu marine.

Le matin, Roberto prend un bas au hasard dans le tiroir. Puis il en tire un autre, et un autre... jusqu'à ce qu'il trouve l'autre bas de la même couleur. S'il prend d'abord un bas rouge :

a) Quelles sont les couleurs de bas possibles pour le deuxième bas tiré ?

____

____

b) Quelle chance a-t-il de tirer l'autre bas rouge ?

____

4 Jean et Sylvie font équipe pour réaliser une expérience avec des dés. Jean marquera des points lorsque la somme des dés joués sera **paire**. Lorsque la somme des dés joués sera **impaire**, c'est Sylvie qui marquera des points. Pour jouer, ils utilisent quatre dés.

a) Quelle est la plus petite somme que l'on peut obtenir avec quatre dés ?

b) Quelle est la plus grande somme que l'on peut obtenir avec quatre dés ?

c) Combien de sommes différentes est-il possible d'obtenir en tout ?

____

____

____

d) De Jean ou de Sylvie, qui a le plus de chances de gagner ?

____

____

____

____

Activité 28

Le sentier de randonnée

Arithmétique

Multiplication d'un nombre décimal par un nombre naturel de deux chiffres

➤ p. 100

Résolution de problèmes

Le conseil municipal de Saint-Germain a terminé son projet d'aménagement de la piste de randonnée pédestre de la Forêt enchantée. Se promener dans ce lieu permet d'établir un contact agréable avec la nature. De plus, on y trouve trois aires de repos avec des tables pour pique-niquer.

Voici la carte du sentier de randonnée.

1. Quelle est, en kilomètres, la distance totale à parcourir sur la piste, de l'entrée à la sortie ?

2 Nicolas a noté qu'au pas de marche il peut parcourir 42 mètres en une minute.

a) Quelle distance, en kilomètres, peut-il parcourir en 15 minutes ?

b) En maintenant ce pas, aura-t-il le temps de se rendre à la première aire de repos en moins de deux heures ?

3 Marie-Pier s'estime une bonne marcheuse. Au cours de sa dernière randonnée avec ses parents, elle a parcouru 16 km en 5 heures.

a) Si elle a conservé le même rythme de marche tout au long de cette randonnée, quelle distance a-t-elle parcourue en 15 minutes ?

b) Pour parcourir les 9,47 km qui séparent la première et la troisième aire de repos, Marie-Pier a maintenu la vitesse moyenne de 52,5 mètres à la minute. Quelle fraction de la distance lui restait-il à parcourir après 90 minutes de marche ?

Activité 29

En y pensant bien...

Arithmétique

Arrondissement d'un nombre décimal ➤ p. 101

Choix d'une forme d'écriture appropriée à un contexte ➤ p. 103

Résolution de problèmes

En science, en médecine et en aéronautique, les calculs précis sont essentiels.

Cependant dans la vie de tous les jours, des réponses approximatives sont suffisantes, sinon plus pratiques. D'ailleurs, dans bien des occasions, on doit arrondir un résultat pour prévoir ce qui correspondra le mieux à la réalité.

1 En recopiant les petites nouvelles du journal de l'école, Jessie a mal positionné la virgule dans les nombres décimaux. Récris les nombres dans les phrases ci-dessous en plaçant correctement la virgule, selon le contexte.

a) Cette année, dans notre école, il y avait en moyenne 2,65 élèves par classe. ____________

b) Pour la collecte des canettes d'aluminium, la classe gagnante a été celle de 3e année. Elle a recueilli le nombre record de 1,255 caisses de canettes. ____________

c) Aux olympiades du printemps, c'est Natasha, une élève de 6e année, qui a remporté la course à pied en maintenant une vitesse moyenne de 56,7 km/h. ____________

d) L'an prochain, le journal change de format. Nous avons choisi le format de 2,75 cm sur 2,18 cm qui correspond mieux à nos imprimantes. ____________

2 Karine et son père sont allés au centre commercial pour acheter des vêtements d'été. Tout est en solde à moitié prix. Pour se faire une idée rapide du coût de certains articles, Karine a arrondi chaque prix à l'unité, puis a divisé par deux.

Remplis le tableau ci-dessous avec les données manquantes.

Prix courant	Prix arrondi à l'unité	Approximation du prix de solde
24,69 $		
21,79 $		
15,99 $		

3 Au retour de l'école, Pierre-Marc est tout excité.

— Papa, j'aimerais que tu m'achètes une guitare électrique pour mon anniversaire.
— Une guitare électrique! Mais ça coûte combien?
— Le modèle qui m'intéresse coûte à peu près 200 $.
— À peu près, ça veut dire combien?

Donne une liste de cinq montants qui équivalent à 200 $ une fois arrondis à l'unité près.

____

____

4 Pour réaliser une activité de découpage avec cinq amies, Lucette dispose d'un paquet de 100 feuilles de papier de couleurs assorties. Si elle répartit les feuilles en quantités égales, combien de feuilles chaque fille, incluant Lucette, recevra-t-elle? Arrondis ta réponse à l'unité près.

5 La tirelire de Michel a révélé un trésor de 1347 pièces de 1 ¢.

a) Pour regrouper ces pièces en paquets valant chacun un dollar, à quel ordre de grandeur faut-il arrondir? Pourquoi?

____

____

b) Quelle serait la valeur de tous les paquets? Pourquoi?

____

____

c) Pour regrouper les pièces en paquets valant chacun 10 ¢, à quel ordre de grandeur faut-il arrondir? Pourquoi?

____

____

d) Quelle serait la valeur de tous les paquets?

____

____

Activité 30

Bâtir une ville

Arithmétique

Approximation, arrondissement
➤ p. 101

Division d'un nombre naturel de quatre chiffres par un nombre naturel de deux chiffres
➤ p. 81, 102

Résolution de problèmes

Il y a près de 7,5 millions d'habitants dans tout le Québec. La province compte environ 1574 villes et villages répartis dans 17 régions administratives. Certaines municipalités sont constituées d'à peine une centaine d'habitants alors que dans d'autres, comme la ville de Montréal, on en dénombre près de deux millions. Après la création de la colonie, il y a un peu plus de 400 ans, ces villes et villages se sont développés rapidement.

1. Si les 1574 villes et villages du Québec étaient répartis également dans les 17 régions administratives, combien y en aurait-il dans chacune? Arrondis ta réponse à l'unité près.

2. Comme la population d'une ville ou d'un village ne cesse de changer selon les naissances et les décès, on peut difficilement connaître le nombre et la répartition exacts de ses habitants à une date précise. C'est le rôle de l'Institut de la statistique du Québec de tenir à jour ces données. Par exemple, on y répartit la population globale de la province en 19 tranches d'âges: 0-4 ans, 5-9 ans, et ainsi de suite jusqu'à 90 ans et plus.

   S'il y avait autant de personnes dans chaque tranche d'âges, combien de milliers de personnes y aurait-il dans chaque groupe? Arrondis ta réponse au millier près.

3. Jean Paquette a décidé de fonder un nouveau village dédié à l'agriculture sur un territoire de 384 km^2. Pour y attirer de nouvelles familles, il a partagé les terres en 240 lots d'égale superficie. Quelle est la superficie de chaque lot, en kilomètres carrés?

4 Lors du dernier recensement, on a enregistré dans le petit village de Gros Rocher une population de 7308 habitants pour une superficie globale d'environ 102 km^2.

a) Estime le nombre d'habitants au kilomètre carré.

b) Si le nombre moyen de personnes par famille est de 4, combien de familles habitent à Gros Rocher ?

5 La ville de Beauchêne compte 1437 km de rues. Le conseil municipal veut améliorer l'apparence de la ville en la dotant d'un tout nouveau système d'éclairage. Les nouveaux lampadaires seraient espacés les uns des autres de 35 mètres.

a) Combien de lampadaires faudra-t-il installer sur une distance de un kilomètre ? Arrondis ta réponse à l'unité près.

b) Combien de lampadaires seront nécessaires pour réaliser le projet ?

6 Le petit village de Laviolette compte 87 familles. La conseillère municipale a résolu de restaurer l'espace de jeu pour les enfants dans le parc municipal et de répartir la facture de 9876 $ également entre les familles.

Quelle devra être la contribution de chaque famille ? Arrondis ta réponse au centième près.

Activité 31

Le défi d'un apprenti sorcier

Arithmétique
Écriture des nombres ➤ p. 103
Équivalences ➤ p. 75, 79, 80, 82, 94, 95
Puissances et exposants ➤ p. 88, 90
Résolution de problèmes

À l'école des sorciers, c'est jour d'examen. Pas droit à la baguette magique ni à quelque sortilège que ce soit! Il faut utiliser ses ressources personnelles et rien d'autre.

Notre apprenti sorcier est un bon élève, mais cette fois les défis sont de taille et sa carrière de prestidigitateur au camp d'été de la Licorne dépend des résultats qu'il obtiendra à ce dernier test. Saurais-tu l'aider?

1 La première épreuve consiste à écrire le nombre 1000 de cinq façons différentes. Tu peux utiliser tous les chiffres et toutes les opérations arithmétiques que tu connais.

Chaque réponse permet d'accumuler des points, tel que décrit dans le tableau ci-contre. Ton objectif est d'obtenir le plus de points possible.

Opérations	Points
+ ou −	1
× ou ÷	5
Exposant	10

La première ligne est donnée en exemple dans le tableau suivant.

Écritures équivalentes		Nombre de points accumulés
1000 =	$500 + 250 + (5^2 \times 10)$	1 + 1 + 10 + 5 = 17
	Total de tes points :	

2 Si notre apprenti sorcier donne une seule mauvaise réponse aux questions qui suivent, il perd le droit d'utiliser sa baguette magique pendant toutes les vacances!

a) Le dixième d'un nombre est 8. Quel est ce nombre? __________

b) Si 25 % d'un nombre est 125, quel est ce nombre? __________

c) La fraction $\frac{2}{7}$ est équivalente à une autre fraction de dénominateur 56. Quelle est cette fraction? __________

d) Un nombre compris entre 30 et 50 est un multiple de 2 et de 3, mais n'est pas un multiple de 12. Quel est ce nombre? __________

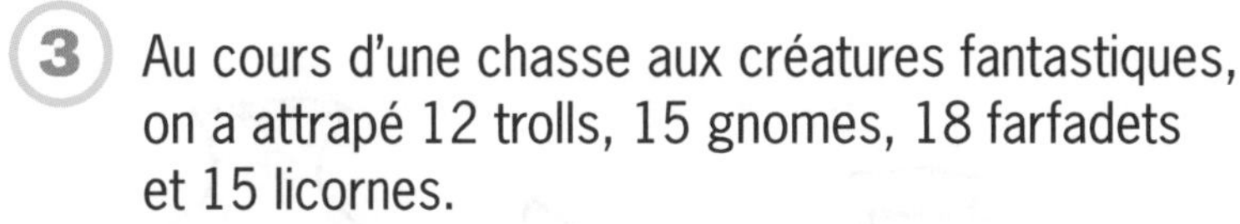

3 Au cours d'une chasse aux créatures fantastiques, on a attrapé 12 trolls, 15 gnomes, 18 farfadets et 15 licornes.

Laquelle des affirmations suivantes est fausse? Justifie ta réponse.

a) Parmi les créatures capturées, 20 % étaient des trolls.

b) La fraction $\frac{1}{4}$ représente les gnomes.

c) Les farfadets correspondent à 3 créatures sur 10.

d) Le cinquième des créatures étaient des licornes.

____

____

____

4 Pour terminer l'examen, voici la plus terrible épreuve : il faut placer tous les nombres de 1 à 16 dans la grille ci-dessous en respectant le code secret décrit par les indices suivants.

① Tous les nombres de la ligne **A** sont pairs.

② Les nombres de la ligne **B** forment une suite de nombres carrés.

③ Tous les nombres de la ligne **C** sont impairs.

④ Les nombres de la ligne **D** sont consécutifs.

⑤ Le produit des nombres de la colonne **1** est 420.

⑥ La somme des nombres de la colonne **2** est 20.

⑦ La somme des deux premiers nombres et des deux derniers nombres de la colonne **3** est la même. Elle est égale à 17.

⑧ La colonne **4** contient quatre nombres consécutifs dans le désordre. Leur somme est 58.

	1	2	3	4
A				
B				
C				
D				

Activité 32

C'est la fête !

Mesure
Mesure de volumes
Équivalences
Résolution de problèmes

Le volume d'un objet est l'espace occupé par cet objet. Sais-tu comment mesurer l'espace qu'occupe un objet, quelle que soit sa forme ?

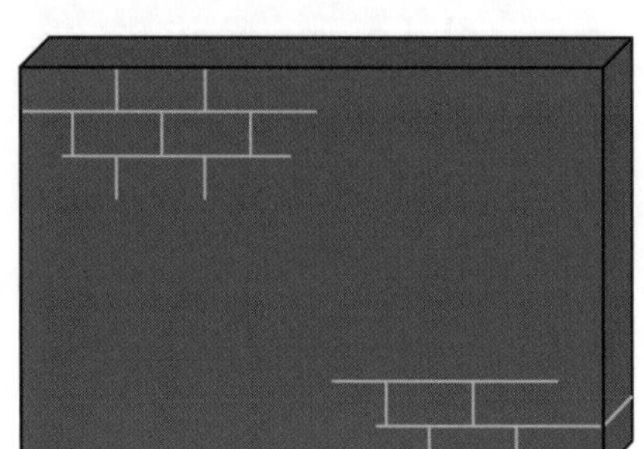

1 Afin de décorer la classe pour les festivités de fin d'année, Patsy et Paul ont reçu une énorme boîte de cubes de couleurs différentes, mais tous de dimensions identiques : 5 cm de largeur sur 5 cm de hauteur sur 8 cm de longueur. Chacune des pièces a donc un volume de 200 cm^3, soit 5 cm × 5 cm × 8 cm.

a) Avec ses cubes, Paul a construit un mur de 320 cm de long sur 100 cm de haut. Combien de cubes a-t-il utilisés ?

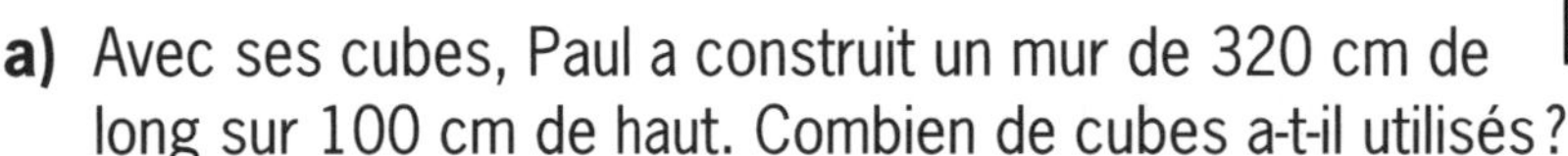

b) Quel est le volume de l'espace occupé par le mur ?

2 Pour la fête, René-Charles préparera des carrés au riz croustillant. Il utilisera un moule carré de 20 cm sur 20 cm, d'une profondeur de 4 cm. Sa recette donne 25 carrés au riz croustillant.

a) Quel est le volume d'un carré ?

b) Si René-Charles veut prévoir quatre carrés pour chacun des 30 élèves de la classe, combien de recettes devra-t-il faire ?

c) Quel sera le volume occupé par tous ces carrés?

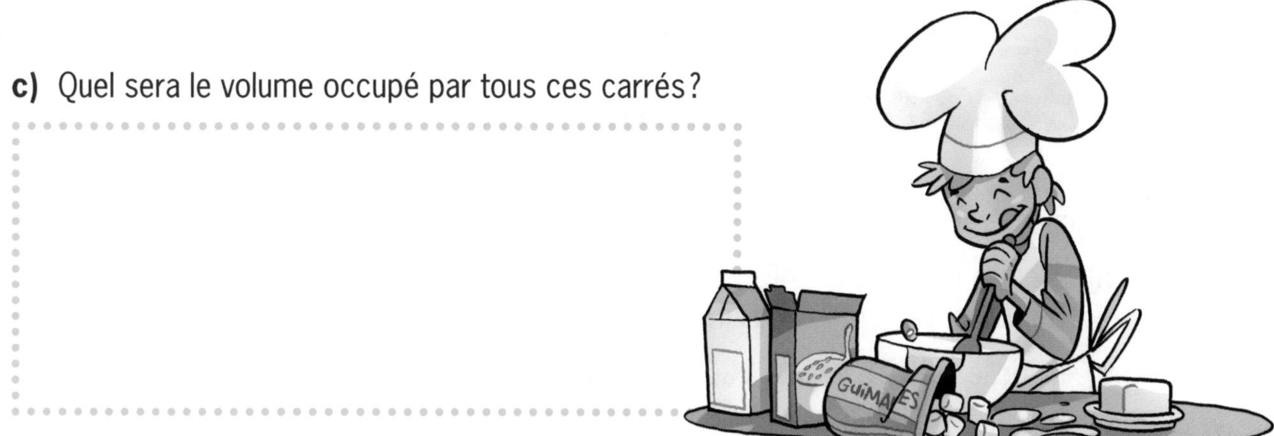

3 Danielle a offert de préparer les glaçons pour les boissons qu'on servira à la fête. Elle a 15 bacs à glaçons comprenant 14 compartiments chacun. Chaque compartiment peut recevoir 25 ml d'eau. Il ne faut cependant pas trop remplir les compartiments, car, lorsque l'eau gèle, son volume augmente de 10 % $\left(\text{ou } \frac{1}{10}\right)$ par rapport à son volume initial.

Pour la préparation des glaçons, les parents de Danielle lui ont fourni une grosse bouteille d'eau de 18 litres.

a) En utilisant tous les bacs disponibles, combien de glaçons Danielle peut-elle obtenir?

b) Quelle quantité d'eau faut-il pour remplir tous ces bacs?

c) Combien de glaçons Danielle pourra-t-elle préparer avec l'eau contenue dans la bouteille de 18 litres?

d) Une fois que l'eau aura gelé, quel sera le volume de l'espace occupé par tous ces glaçons?

Aide	Chaque millilitre occupe 1 cm^3.

Unité 1

Les opérations sur des nombres naturels

1. Voici différents énoncés. Dans chaque cas, détermine uniquement l'opération à effectuer.

a) Janie a 120 $; c'est 40 $ de moins que ce qu'a son frère Paul. Combien d'argent Paul a-t-il ? ______________

b) Murielle a 250 $; elle a 100 $ de plus que son frère Luc. Combien d'argent Luc a-t-il ? ______________

c) Emmanuel possède 1440 $ à la banque. Il a 3 fois plus d'argent que sa sœur Hélène. Quelle somme d'argent Hélène possède-t-elle ? ______________

d) Maxime possède 2000 $ à la banque. Il a 4 fois moins d'argent que sa sœur Élise. Quelle somme d'argent Élise possède-t-elle ? ______________

2. Dans chaque cas suivant, choisis et effectue la bonne opération.

a) Le quotient de deux nombres est 24 et l'un des deux nombres est 8. Quel est l'autre nombre ?

____

b) La somme de deux nombres est 360 et l'un des deux nombres est 200. Quel est l'autre nombre ?

____

c) Le produit de deux nombres est 144 et l'un des deux nombres est 18. Quel est l'autre nombre ?

____

d) La différence entre deux nombres est 120 et l'un des deux nombres est 80. Quel est l'autre nombre ?

____

3. Voici les résultats de 7 opérations.

A. 45 **B.** 62 **C.** 97 **D.** 224 **E.** 225 **F.** 405 **G.** 406

Voici les 7 opérations.

a) $405 \div 9$ **c)** 28×8 **e)** $221 + 184$ **g)** $165 - 68$
b) $434 \div 7$ **d)** 58×7 **f)** $131 + 94$

Associe chacune des opérations à son résultat.

a) _____ **b)** _____ **c)** _____ **d)** _____ **e)** _____ **f)** _____ **g)** _____

Les sondages et les enquêtes statistiques

On a demandé à 300 élèves du troisième cycle du primaire quel était leur sport favori. Voici la compilation des résultats obtenus.

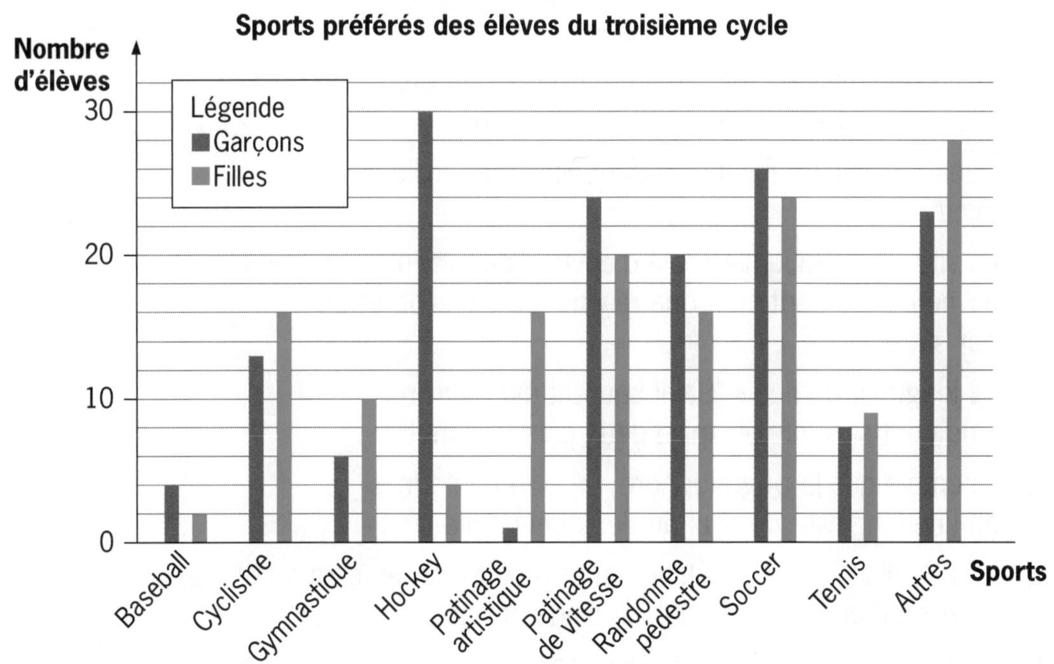

1. Quel sport a le plus d'adeptes? ____________________

2. Quel est le sport préféré des filles? ____________________

3. Quel est le sport préféré des garçons? ____________________

4. Quels sont les deux sports qui comptent le même nombre d'adeptes?

____

5. Quel sport a le moins d'adeptes? ____________________

6. Dans cette école, combien y a-t-il de filles et de garçons du troisième cycle?

____

7. Combien d'élèves adorent chausser des patins?

____

8. D'après toi, quels sont les sports préférés de ceux et celles qui se situent dans la catégorie « Autres »? Donne trois exemples.

____

Unité 3 Les grands nombres

1. Écris en chiffres chacun des nombres cités dans les phrases ci-dessous.

   a) Un agriculteur a vendu deux cent quatre-vingt-dix mille céleris au cours de la dernière semaine. ______

   b) Depuis sa mise en fonction, un avion a parcouru cinq cent quatre-vingt mille deux cent huit kilomètres. ______

   c) Dans une année, il y a cinq cent vingt-cinq mille six cents minutes. ______

   d) La vitesse de la lumière est d'environ deux cent quatre-vingt-dix-neuf mille sept cent quatre-vingt-douze kilomètres par seconde. ______

   e) La longueur du fleuve Saint-Laurent est d'environ cinq cent soixante-dix mille deux cent huit mètres. ______

   f) Il semble que le pogonophore, un animal marin, ait une longévité de plus de deux cent mille ans. ______

   g) Le 28 juillet 1976, en Chine, un tremblement de terre a fait deux cent quarante et un mille cinq cent quarante victimes. ______

   h) La population de la ville de Québec est de cinq cent quatre mille huit cents habitants. ______

   i) Il y a soixante-cinq millions d'années, une immense éruption volcanique a eu lieu. Elle serait la cause de l'extinction des dinosaures. ______

2. Écris en lettres chacun des nombres cités dans les phrases ci-dessous.

   a) Le Nil, un fleuve d'Afrique, a une longueur d'environ 6670 kilomètres.

   ______

   b) Il existe de nombreuses fosses dans le fond des océans. La plus profonde s'appelle la fosse des Mariannes ; elle a une profondeur de 11 034 mètres.

   ______

   c) La construction de la grande pyramide de Khéops, en Égypte, a nécessité plus de 2 000 000 de blocs de pierre.

   ______

   d) Le plus grand lac du monde est situé au Canada. Il s'agit du lac Supérieur. Il a une superficie de 82 750 kilomètres carrés.

   ______

Unité 4

La relation d'équivalence

1 Parmi les figures planes ci-dessous, lesquelles sont équivalentes?

a) 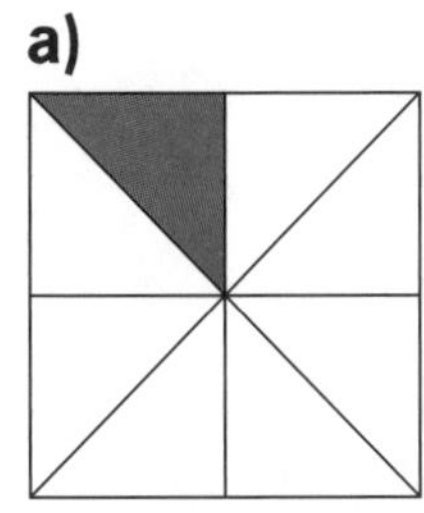 **c)** 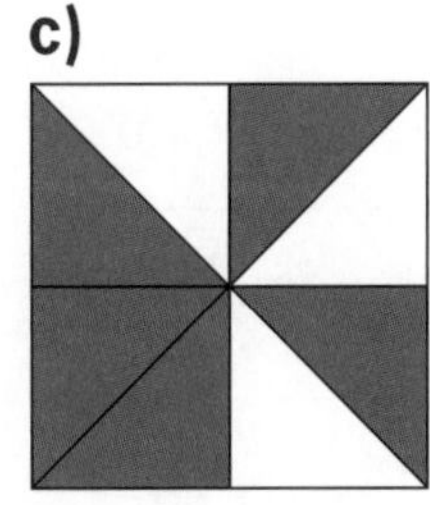 **e)** 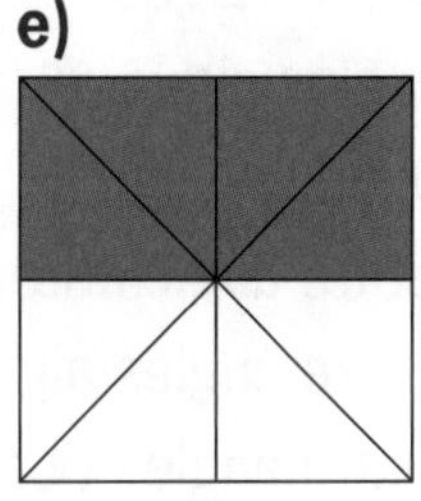 **g)** 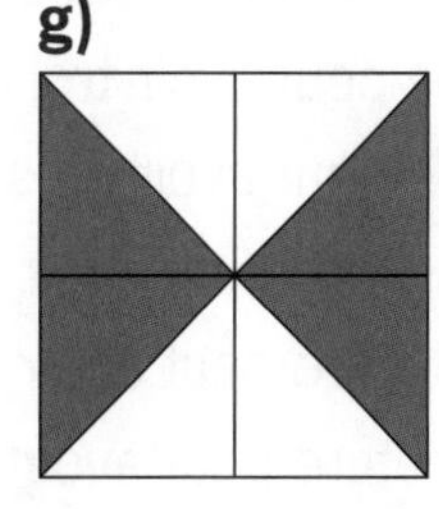 **i)** 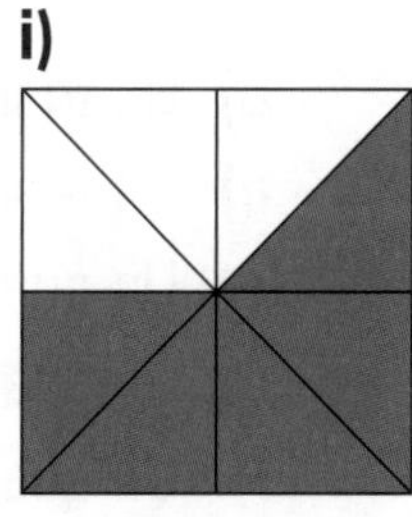

b) 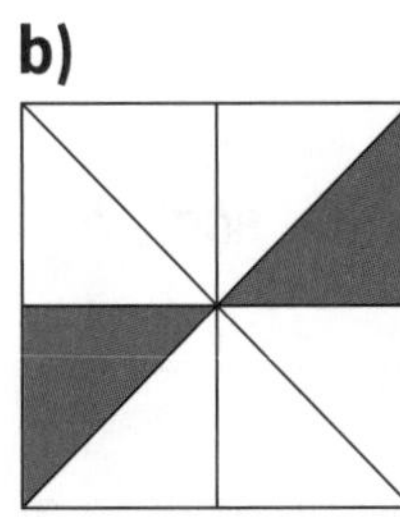 **d)** 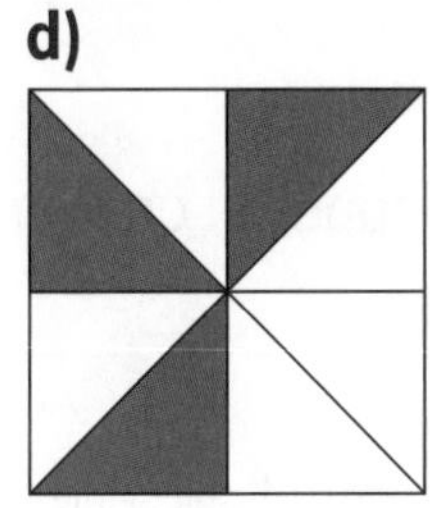 **f)** 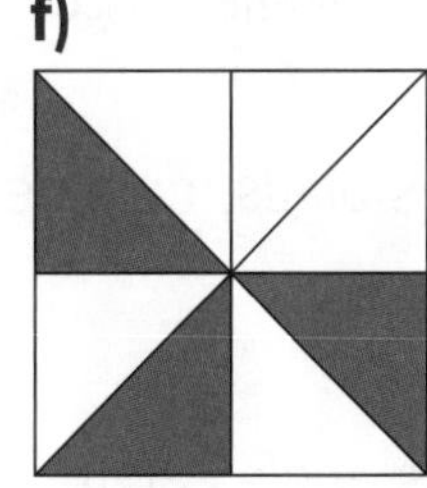 **h)** 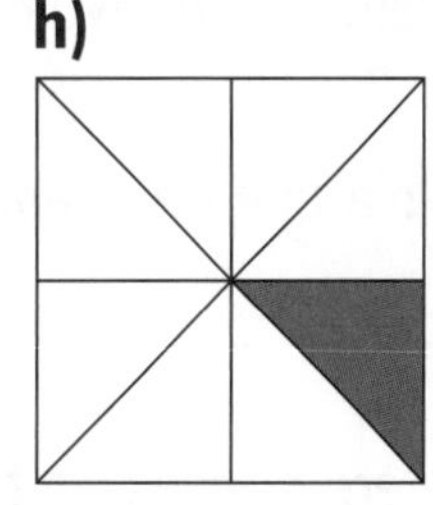 **j)** 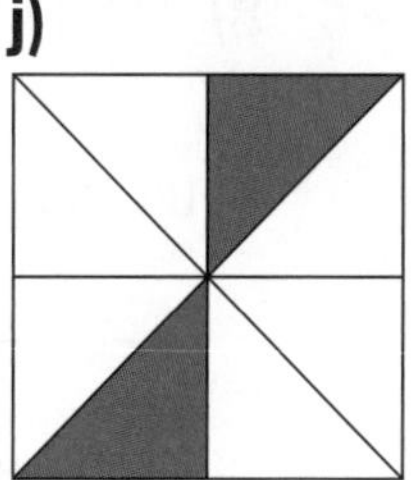

____

2 Parmi la liste de fractions numérotées de 1 à 14, lesquelles sont équivalentes aux fractions ci-dessous? Attention! Il peut y avoir plus d'une réponse.

1) $\frac{2}{4}$	3) $\frac{9}{12}$	5) $\frac{4}{12}$	7) $\frac{3}{9}$	9) $\frac{2}{6}$	11) $\frac{6}{10}$	13) $\frac{2}{8}$
2) $\frac{6}{9}$	4) $\frac{8}{10}$	6) $\frac{6}{8}$	8) $\frac{3}{12}$	10) $\frac{4}{8}$	12) $\frac{8}{16}$	14) $\frac{4}{6}$

a) $\frac{1}{2}$ ____________ **d)** $\frac{1}{4}$ ____________ **g)** $\frac{4}{5}$ ____________

b) $\frac{1}{3}$ ____________ **e)** $\frac{3}{4}$ ____________

c) $\frac{2}{3}$ ____________ **f)** $\frac{3}{5}$ ____________

3 Les paires de fractions suivantes sont-elles équivalentes? Réponds par oui ou non.

a) $\frac{1}{2}$ et $\frac{4}{8}$ ________ **c)** $\frac{3}{12}$ et $\frac{4}{9}$ ________ **e)** $\frac{6}{10}$ et $\frac{9}{15}$ ________

b) $\frac{6}{9}$ et $\frac{8}{10}$ ________ **d)** $\frac{6}{8}$ et $\frac{3}{4}$ ________ **f)** $\frac{9}{12}$ et $\frac{6}{9}$ ________

4 Ajoute trois termes à la suite de fractions équivalentes.

$\frac{1}{3}$, $\frac{2}{6}$, $\frac{3}{9}$, $\frac{4}{12}$, $\frac{5}{15}$, 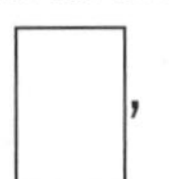 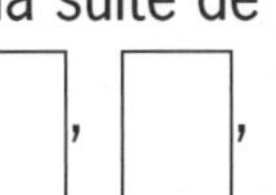

Unité 5 Les angles

1. Vrai ou faux ?
   a) Un triangle peut avoir deux angles aigus. ________
   b) Un triangle peut avoir trois angles aigus. ________
   c) Un triangle peut avoir un seul angle aigu. ________
   d) Un quadrilatère peut avoir quatre angles droits. ________
   e) Un quadrilatère peut avoir quatre angles aigus. ________
   f) Un quadrilatère peut avoir quatre angles obtus. ________
   g) Un quadrilatère peut avoir trois angles aigus. ________

2. Si un triangle n'a que deux angles aigus, comment appelle-t-on le troisième angle ?

   ____

3. Si un quadrilatère convexe a trois angles aigus, comment appelle-t-on le quatrième angle ?

   ____

4. Détermine le nombre d'angles aigus, droits et obtus de chacune des figures suivantes.

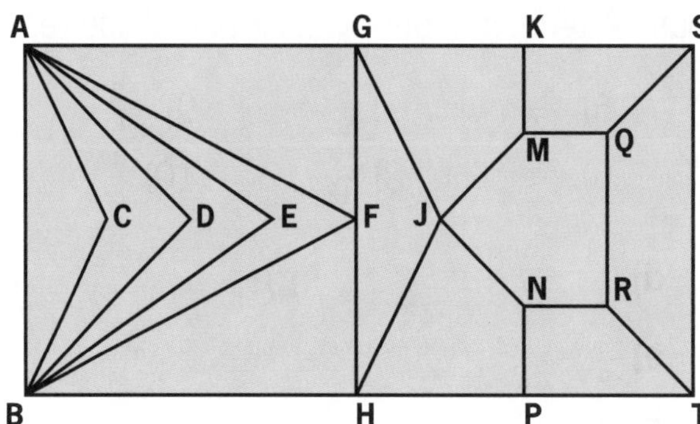

	Angles aigus	Angles droits	Angles obtus
a) ABC	________	________	________
b) ABD	________	________	________
c) ABE	________	________	________
d) BFH	________	________	________
e) HJNP	________	________	________
f) KMQS	________	________	________
g) TRQS	________	________	________
h) JMQRN	________	________	________

Le cercle

1 Voici un cercle. Trace en **rouge** deux cercles concentriques.

L'un des cercles doit être plus grand que le cercle déjà tracé et l'autre, plus petit.

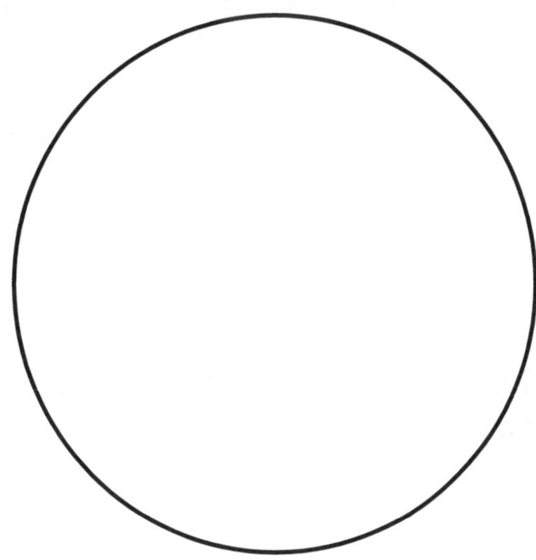

2 Sur la figure obtenue au numéro 1,

a) trace en **rouge** le rayon du plus petit cercle ;
b) trace en **vert** le diamètre du plus grand cercle ;
c) colorie en **bleu** un secteur circulaire dans le disque formé par le cercle noir.

3 Quelle est la différence entre un cercle et un disque ?

____

____

4 Dans la figure ci-dessous, identifie les rayons, les diamètres et les secteurs circulaires.

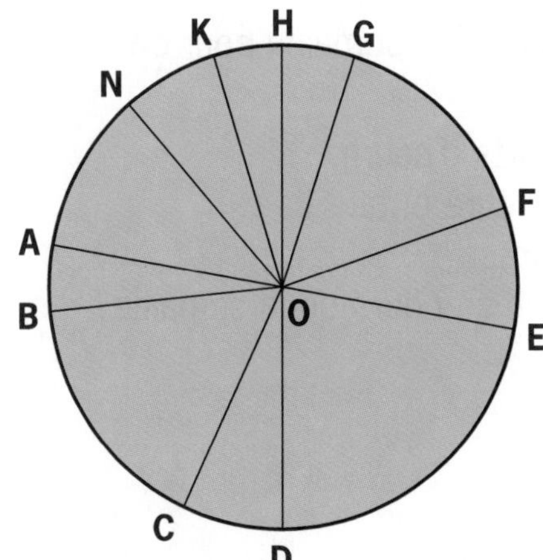

Rayons	
Diamètres	
Secteurs	

Unité 7

La mesure du temps

1 Voici 15 données de mesure du temps.

A) 60 secondes.
B) 600 secondes.
C) 3600 secondes.
D) 86 400 secondes.
E) 172 800 secondes.
F) 1 minute.
G) 10 minutes.
H) 60 minutes.
I) 1440 minutes.
J) 1 heure.
K) 24 heures.
L) 8760 heures.
M) 1 jour.
N) 365 jours.
O) 1 an.

Trouve les mesures qui sont équivalentes. Attention! il peut y avoir plusieurs réponses possibles.

2 André a regardé une émission télévisée d'une durée de deux heures et demie. Quelle est la durée de cette émission en minutes?

3 Carole a très peu dormi la nuit dernière. En fait, elle a calculé n'avoir eu que 300 minutes de sommeil. À combien d'heures cette durée correspond-elle?

4 Voici les durées de trois activités en forêt.

A) Randonnée pédestre: 3 jours et demi.
B) Canot-camping: 5 jours.
C) Excursion boussole: 5760 minutes.

Classe ces activités de la plus courte à la plus longue. ________________

5 Marcel marche tous les jours. Voici le résumé de la dernière semaine pour ce qui est du temps consacré à la marche.

Lundi: 2 heures 20 minutes.
Mardi: 1 heure 40 minutes.
Mercredi: deux heures et demie.
Jeudi: trois quarts d'heure.
Vendredi: une heure et quart.
Samedi: 3 heures.

Au total, combien de temps a-t-il consacré à la marche au cours de la semaine?

Unité 8

Le pourcentage

1 Dans chacune des figures ci-dessous, à quel pourcentage la partie colorée correspond-elle?

a) ____________

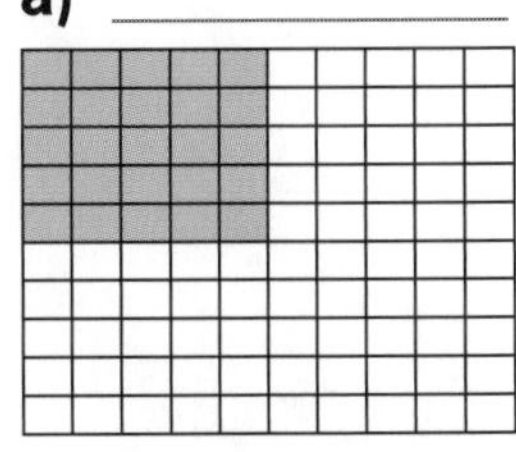

b) ____________

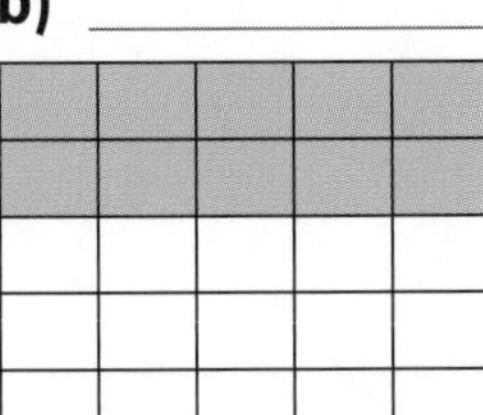

c) ____________

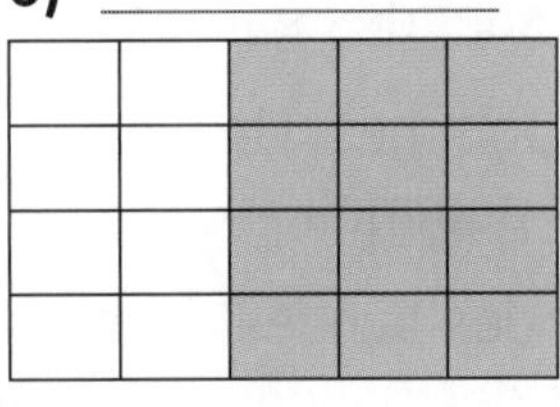

d) ____________

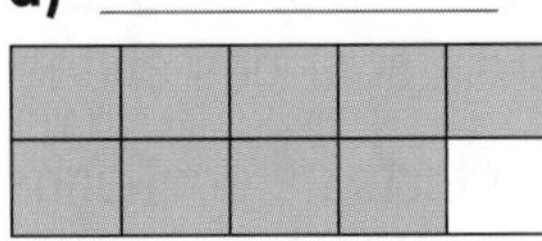

e) ____________

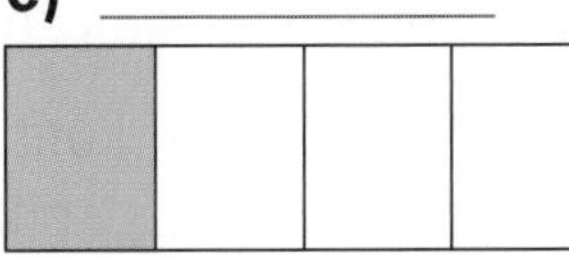

f) ____________

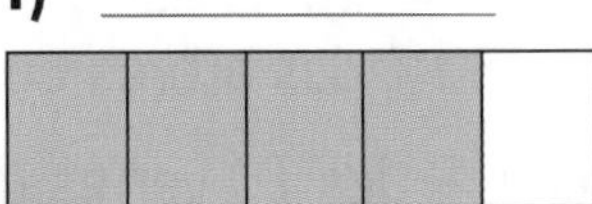

2 Dans les figures ci-dessous, colorie en rouge le nombre de cases correspondant au pourcentage donné.

a) 50%

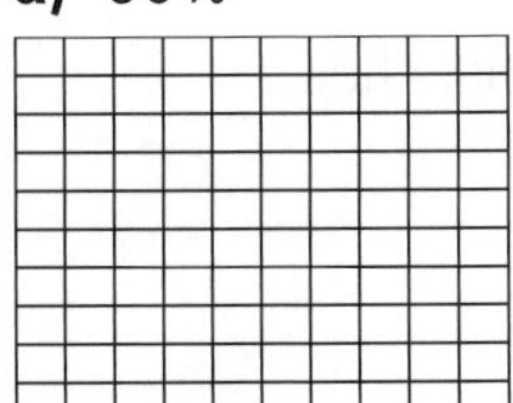

b) 20%

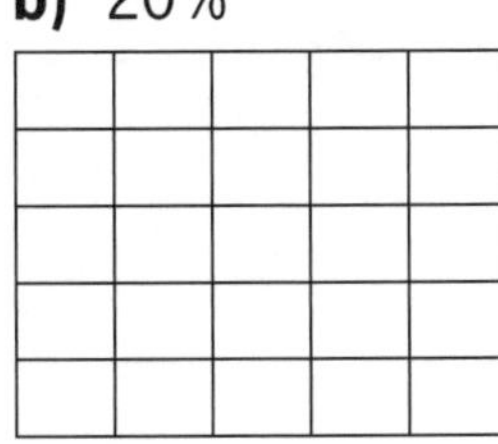

c) 25%

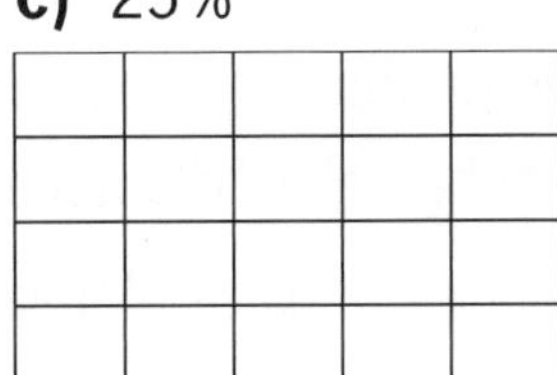

d) 10%

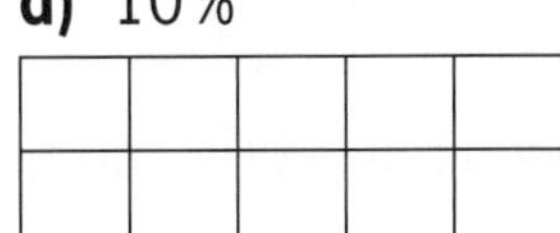

e) 75%

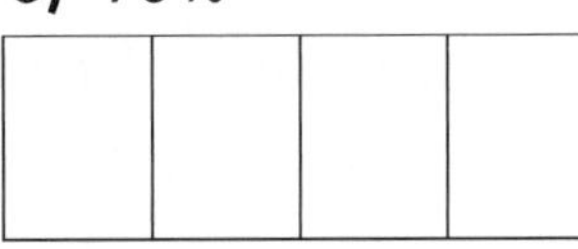

f) 20%

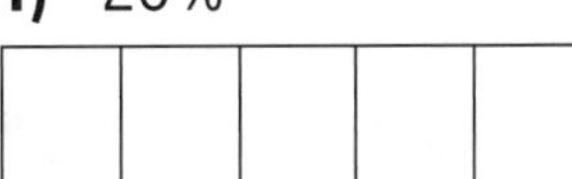

3 Associe chacune des fractions ci-dessous au pourcentage correspondant.

A) $\frac{1}{5}$	**a)** 10%
B) $\frac{3}{4}$	**b)** 20%
C) $\frac{4}{5}$	**c)** 25%
D) $\frac{1}{10}$	**d)** 50%
E) $\frac{1}{4}$	**e)** 75%
F) $\frac{1}{2}$	**f)** 80%

Unité 9

Le pourcentage d'une quantité donnée

1 Vrai ou faux?

a) Dans une équipe, 2 élèves sur 5 sont des garçons. On peut dire que 40 % des élèves de l'équipe sont des garçons. ______

b) Dans un plat, 3 fruits sur 4 sont des pommes. On peut affirmer que 25 % des fruits sont des pommes. ______

c) Sur une tablette, 3 livres sur 10 sont des bandes dessinées. On peut dire que 70 % des livres sont des bandes dessinées. ______

d) Dans un jardin, 4 arbres sur 5 sont des chênes. On peut alors affirmer que 80 % des arbres de ce jardin sont des chênes. ______

e) À la cafétéria, 8 des 10 verres de jus offerts ne contiennent pas du jus de pomme. On peut dire que 80 % des verres de jus contiennent du jus de pomme. ______

f) Sur une plage, 35 des 50 baigneurs sont des filles. On peut dire que 30 % des baigneurs sont des garçons. ______

g) Dans une école, 45 élèves sur 100 sont des filles. On peut dire que 55 % des élèves sont des garçons. ______

2 Dans chaque cas ci-dessous, détermine le pourcentage de billes blanches.

a) Dans le sac de Jean, il y a 3 billes blanches et 1 bille noire. ______

b) Dans le sac de Sue, il y a 2 billes blanches, 2 billes bleues et 1 bille jaune. ______

c) Dans le sac de Félix, il y a 2 billes blanches, 1 bille noire et 1 bille jaune. ______

d) Dans le sac d'Audrey, il y a 1 bille blanche et 3 billes noires. ______

e) Dans le sac de Gabriel, il y a 5 billes blanches et 15 billes noires. ______

f) Dans le sac de Léa, il y a 1 bille blanche, 2 noires, 2 jaunes et 5 vertes. ______

g) Dans quel sac y a-t-il le plus de billes blanches? ______

h) De quel sac est-il plus probable de tirer une bille blanche? ______

3 Dans chaque situation ci-dessous, estime, en pourcentage, le nombre de filles.

a) Dans la classe de Katia, il y a 13 filles sur 25 élèves. ______

b) Dans la classe de Louise, 3 filles sur 13 élèves portent des lunettes. ______

c) Dans la classe de Mélanie, 17 des 22 élèves sont des filles. ______

Unité 10 Les opérations sur des nombres naturels

1 Effectue mentalement les opérations suivantes.

a) 34 + 10 = ______	**e)** 987 + 100 = ______	**i)** 2345 + 1000 = ______
b) 104 − 10 = ______	**f)** 235 − 100 = ______	**j)** 1235 − 1000 = ______
c) 23 × 10 = ______	**g)** 54 × 100 = ______	**k)** 7 × 1000 = ______
d) 430 ÷ 10 = ______	**h)** 6500 ÷ 100 = ______	**l)** 32 000 ÷ 1000 = ______

2 Détermine le résultat en calculant mentalement.

a) Ajoute 4 dizaines et 2 centaines à 349. ______

b) Multiplie le nombre 49 par 100, puis divise le résultat par 10. ______

c) Divise le nombre 2300 par 100, puis multiplie le résultat par 10. ______

d) Enlève 7 centaines et 5 dizaines à 1234. ______

e) Enlève 5 dizaines et 8 centaines à 975. ______

f) Ajoute 9 dizaines et 7 centaines au nombre 48. ______

3 Détermine le résultat.

a) Ajoute la somme de 78 et 55 à la somme de 22 et 45. ______

b) Enlève la somme de 23 et 58 à la somme de 31 et 65. ______

c) Multiplie le quotient de 24 par 8 par le quotient de 45 par 9. ______

d) Divise le produit de 16 par 4 par le produit de 4 par 2. ______

4 Dans chaque cas ci-dessous, laquelle des deux opérations donne le plus grand résultat?

a) Le produit de 6 par 12 ou le produit de 5 par 13. ______

b) Le quotient de 91 par 13 ou le quotient de 96 par 12. ______

c) Le produit de 21 par 11 ou le produit de 20 par 12. ______

d) Le quotient de 320 par 4 ou le quotient de 237 par 3. ______

5 Effectue les chaînes d'opérations.

a) 24 × 2 ÷ 12 × 6 ÷ 3 × 9 ÷ 18 = ______

b) 18 × 9 ÷ 6 × 3 ÷ 9 × 5 ÷ 15 = ______

c) 48 ÷ 12 × 18 ÷ 3 × 9 ÷ 27 × 5 = ______

6 Par quel nombre faut-il multiplier le nombre 23 pour obtenir le nombre 207? ______

Unité 11 La relation d'ordre dans les fractions

1 **a)** Détermine la fraction illustrée par les cases colorées de chaque grille.

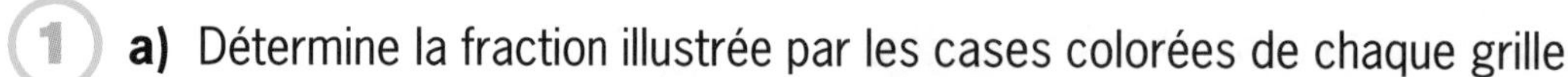

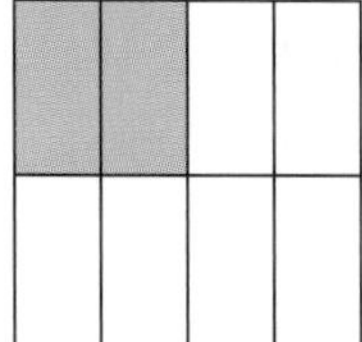 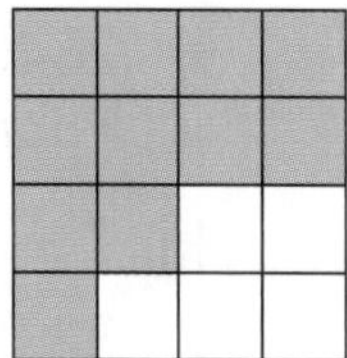  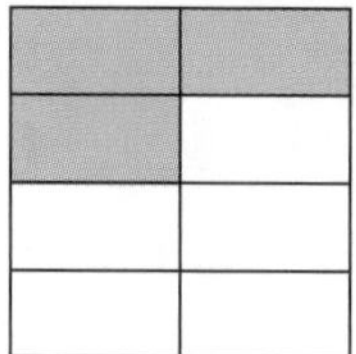 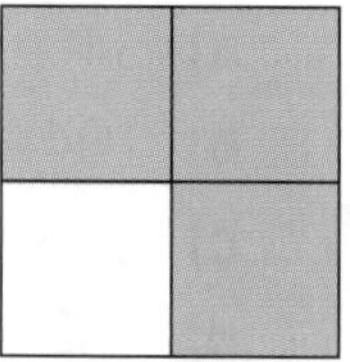

______ ______ ______ ______ ______

b) Place les fractions par ordre croissant.

____

2 **a)** Détermine la fraction représentée par les zones colorées de chaque grille.

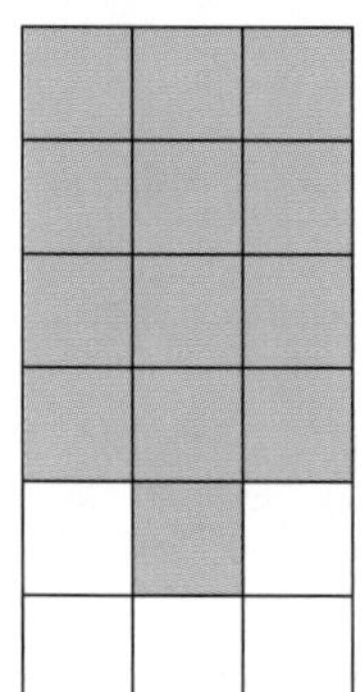 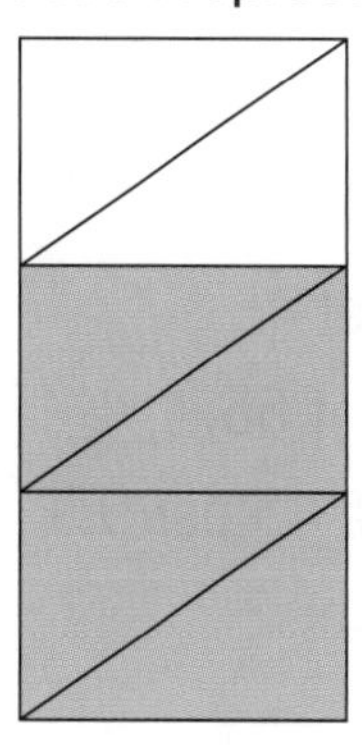 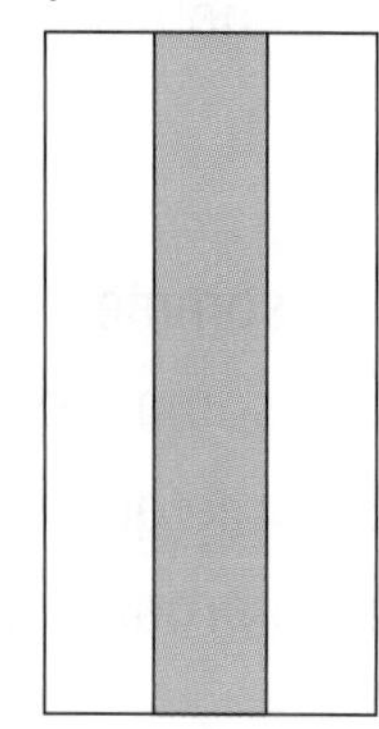 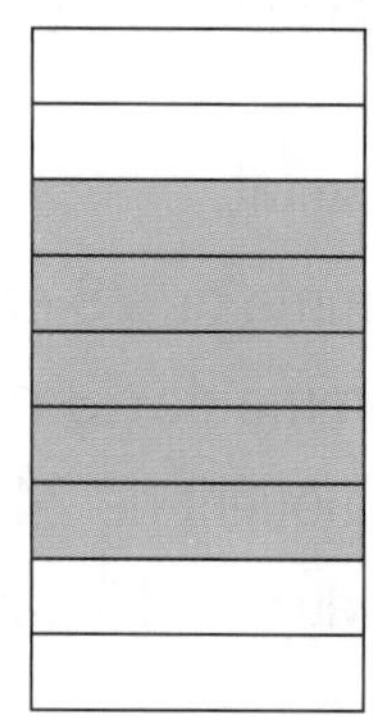 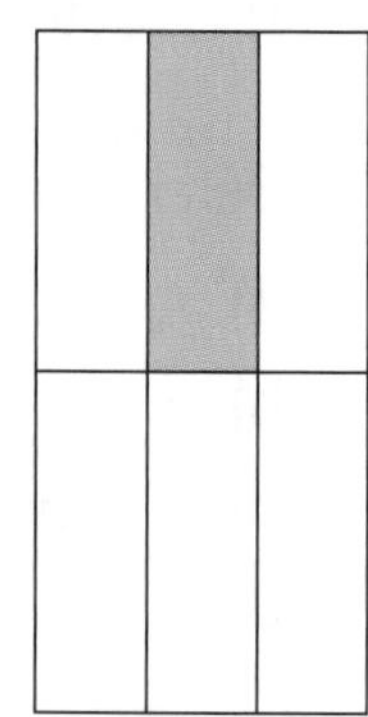

______ ______ ______ ______ ______

b) Place les fractions par ordre décroissant.

____

3 Place chacune des listes de fractions par ordre croissant.

a) $\frac{9}{16}$ $\frac{3}{8}$ $\frac{1}{4}$ $\frac{1}{2}$ $\frac{7}{16}$ $\frac{5}{8}$ $\frac{3}{4}$ $\frac{13}{16}$

____

b) $\frac{3}{20}$ $\frac{3}{10}$ $\frac{2}{5}$ $\frac{1}{2}$ $\frac{1}{5}$ $\frac{7}{20}$ $\frac{1}{10}$ $\frac{1}{4}$

____

Unité 12

Les mesures d'angles

1 Sans mesurer, estime la mesure de chacun des angles ci-dessous.

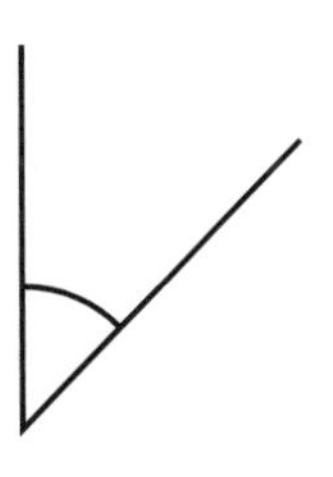

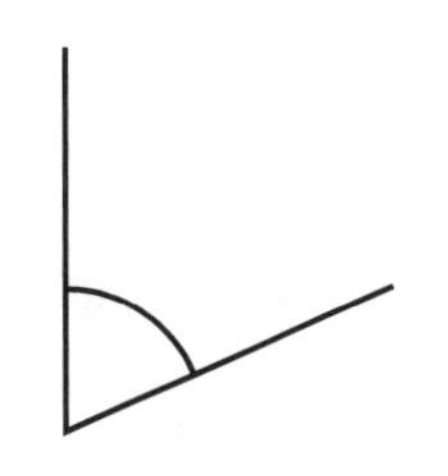

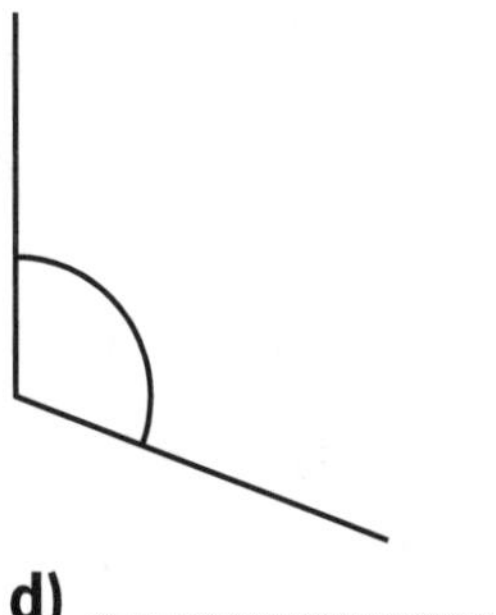

a) ____________ **b)** ____________ **c)** ____________ **d)** ____________

2 Sans utiliser ton rapporteur d'angle, détermine la mesure des angles intérieurs des figures ci-dessous.

a)

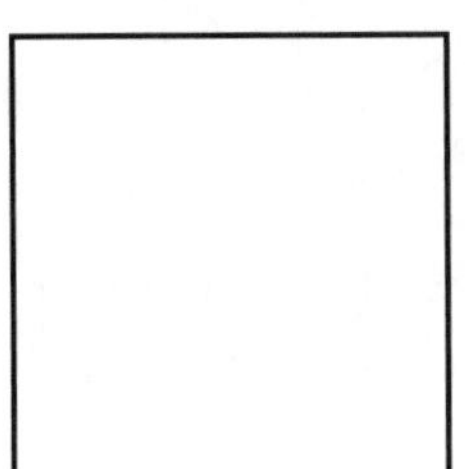

b)

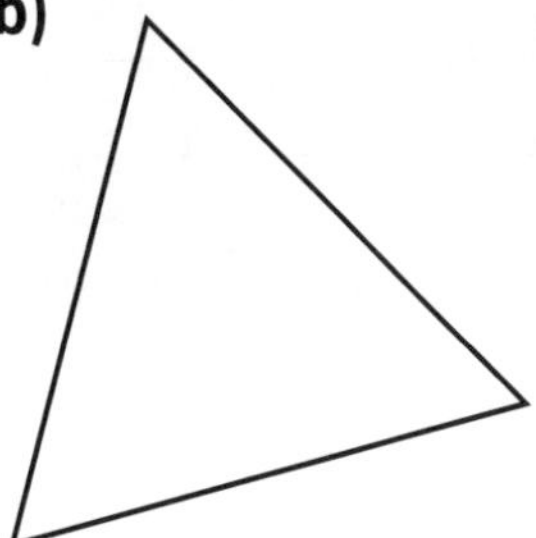

c)

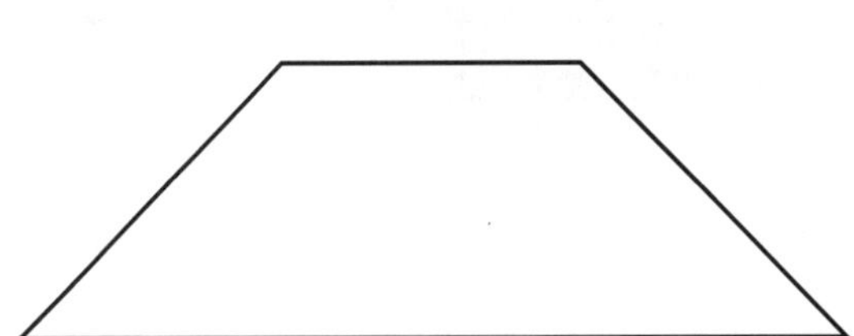

3 En utilisant ton rapporteur d'angle, détermine la mesure des angles intérieurs des figures ci-dessous.

a)

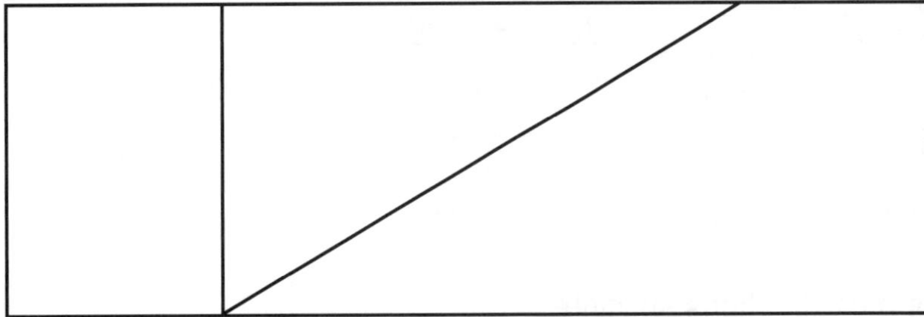

b)

Unité 13

La multiplication de nombres naturels

1 Quelles multiplications correspondent aux additions ci-dessous?

a) 4 + 4 + 4 __________

b) 2 + 2 + 2 + 2 + 2 __________

c) 6 + 6 + 6 + 6 __________

d) 9 + 9 + 9 + 9 + 9 + 9 __________

2 Quelles additions répétées correspondent aux multiplications ci-dessous?

a) 3 × 5 __________

b) 4 × 6 __________

c) 6 × 2 __________

d) 5 × 4 __________

3 Dans le cas de chacune des grilles ci-dessous, écris une multiplication qui permettrait de déterminer le nombre de cases.

A

B

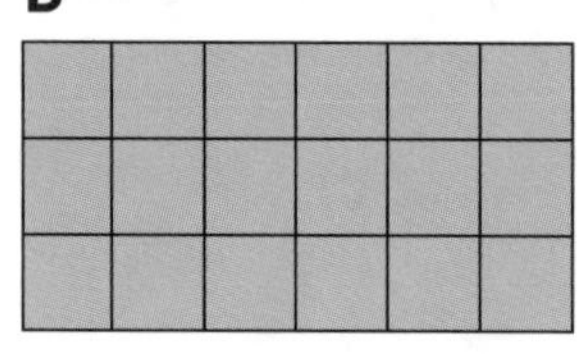

C

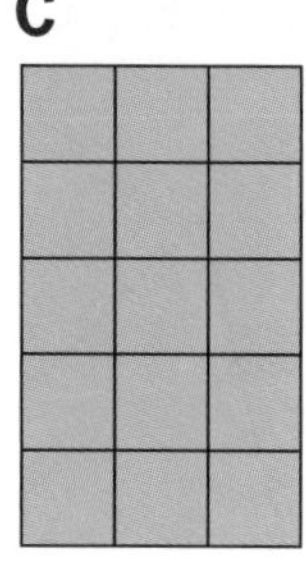

D

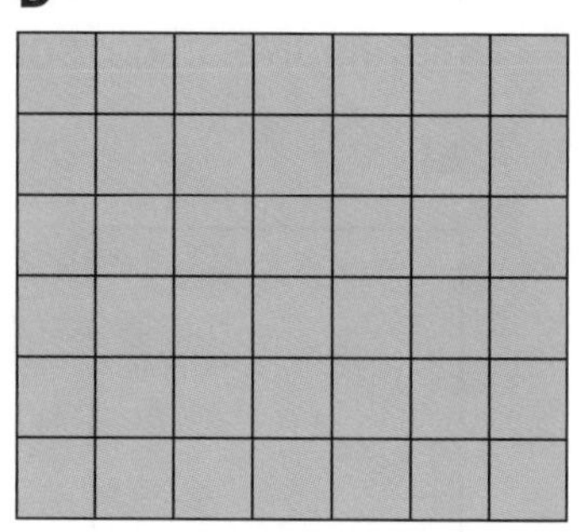

__________ __________ __________ __________

4 Ajoute trois termes à chacune des suites de multiplications ci-dessous.

a) 21 × 1 = 21
21 × 2 = 42
21 × 3 = 63
____
____
____

b) 33 × 1 = 33
33 × 2 = 66
33 × 3 = 99
____
____
____

c) 45 × 1 = 45
45 × 2 = 90
45 × 3 = 135
____
____
____

5 Effectue les multiplications suivantes.

a) 110 × 5 = __________

b) 321 × 3 = __________

c) 250 × 4 = __________

d) 115 × 6 = __________

e) 333 × 8 = __________

f) 108 × 7 = __________

Unité 14 Les unités de mesure du temps

1) Détermine la durée en minutes de chacune des activités suivantes.

a) Luc a joué au soccer de 4 h 30 à 5 h 15. ______________

b) Michèle a patiné de 3 h 45 à 5 h 30. ______________

c) Émilie a couru de 7 h 15 à 7 h 50. ______________

d) Marcel a roulé à vélo de 9 h 45 à 11 h 50. ______________

2) Détermine la durée en heures de chacune des activités suivantes.

a) Le père de Pascal a roulé en automobile de 8 h 30 à 14 h 30. ______________

b) Monique a pris l'avion à 21 h 30 le mardi et elle est arrivée à destination à 4 h 30 le mercredi. ______________

c) Élisabeth est allée de Québec à Vancouver en train. Elle a embarqué à Québec à 18 h le lundi et est arrivée à Vancouver à 14 h (heure du Québec) le vendredi suivant. ______________

3) Détermine la durée en jours de chacune des activités suivantes.

a) Pierre et des amis ont fait le tour de la Nouvelle-Écosse à vélo. Ils sont partis le 13 juillet à midi et sont revenus à leur point de départ le 22 juillet à midi. ______________

b) Jean est parti en vacances le 14 juillet à midi et il est revenu chez lui le 7 août à midi. ______________

c) Emmanuelle a participé à une randonnée aventure en canot. Elle est partie le 25 août à 8 h et elle est revenue le 3 septembre à 20 h. ______________

4) Laquelle des durées suivantes est la plus longue? Encercle la bonne réponse.

a) 1 jour. **b)** 10 heures. **c)** 1000 minutes. **d)** 10 000 secondes.

5) Laquelle des durées suivantes est la plus courte? Encercle la bonne réponse.

a) 1 an. **b)** 10 mois. **c)** 100 semaines. **d)** 1000 jours.

6) Combien de jours y a-t-il dans cinq semaines? ______________

7) Combien de semaines y a-t-il dans une demi-année? ______________

8) Combien d'heures y a-t-il dans cinq jours? ______________

9) Combien d'années y a-t-il dans deux décennies? ______________

10) Combien de mois y a-t-il dans une décennie? ______________

La multiplication de nombres naturels

1 Analyse attentivement l'exemple ci-dessous, puis effectue les multiplications.

Exemple : $3 \times 12 = 3 \times (10 + 2) = (3 \times 10) + (3 \times 2) = 30 + 6 = 36$

a) $6 \times 24 =$ ______

b) $8 \times 32 =$ ______

c) $5 \times 62 =$ ______

d) $7 \times 42 =$ ______

e) $4 \times 62 =$ ______

2 Analyse attentivement l'exemple ci-dessous, puis effectue les multiplications.

Exemple : $50 \times 23 = 50 \times (20 + 3) = (50 \times 20) + (50 \times 3) = 1000 + 150 = 1150$

a) $60 \times 21 =$ ______

b) $90 \times 32 =$ ______

c) $30 \times 33 =$ ______

d) $40 \times 76 =$ ______

e) $80 \times 76 =$ ______

3 Analyse attentivement l'exemple ci-dessous, puis effectue les multiplications.

Exemple : $54 \times 23 = (50 + 4) \times (20 + 3) = (50 \times 20) + (50 \times 3) + (4 \times 20) + (4 \times 3) =$
$1000 + 150 + 80 + 12 = 1242$

a) $62 \times 21 =$ ______

b) $93 \times 32 =$ ______

c) 36 × 33 = ____________________

d) 41 × 76 = ____________________

e) 84 × 76 = ____________________

4. Analyse attentivement l'exemple ci-dessous, puis effectue les multiplications.

Exemple : 200 × 42 = (200 × 40) + (200 × 2) = 8000 + 400 = 8400

a) 500 × 21 = ____________________

b) 300 × 32 = ____________________

c) 800 × 33 = ____________________

d) 600 × 76 = ____________________

e) 700 × 76 = ____________________

5. Effectue les multiplications suivantes.

a) 123 × 45 = ____________________

b) 234 × 56 = ____________________

c) 345 × 67 = ____________________

d) 456 × 78 = ____________________

e) 567 × 89 = ____________________

Unité 16

Les puissances de nombres naturels

1 Quel est le carré des nombres naturels suivants?

a) 3 ______ **d)** 9 ______ **g)** 4 ______ **j)** 20 ______
b) 5 ______ **e)** 8 ______ **h)** 6 ______ **k)** 15 ______
c) 7 ______ **f)** 2 ______ **i)** 12 ______ **l)** 25 ______

2 Quel est le cube des nombres suivants?

a) 3 ______ **c)** 7 ______ **e)** 8 ______ **g)** 4 ______
b) 5 ______ **d)** 9 ______ **f)** 2 ______ **h)** 6 ______

3 Ajoute trois termes à la suite de nombres carrés.

1, 4, 9, 16, 25, 36, 49, 64, 81, ______________

4 Ajoute trois termes à la suite de nombres cubiques.

1, 8, 27, 64, 125, 216, 343, 512, ______________

5 Voici une liste de 12 nombres.

64	125	400	81	1000	8000
256	16	625	216	100	729

a) Parmi ces nombres, lesquels sont des nombres carrés?

____

b) Lesquels sont des nombres cubiques?

____

6 Récris chacune des expressions ci-dessous à l'aide d'un exposant.

a) $3 \times 3 \times 3 \times 3 \times 3$ ______ **c)** $4 \times 4 \times 4$ ______
b) $5 \times 5 \times 5 \times 5$ ______ **d)** $6 \times 6 \times 6 \times 6 \times 6 \times 6$ ______

7 Quel est le carré des nombres suivants?

a) 13 ______ **b)** 17 ______ **c)** 22 ______ **d)** 30 ______

8 Quel est le cube des nombres suivants?

a) 10 ______ **b)** 12 ______ **c)** 15 ______ **d)** 20 ______

Unité 17

Les mesures de masse et de capacité

1 Qu'est-ce qu'il faut utiliser, le litre ou le millilitre, pour mesurer la capacité :

a) d'un verre ? ______________________

b) d'une baignoire ? ______________________

c) d'une seringue ? ______________________

d) d'une piscine ? ______________________

2 Relie par un trait les objets suivants à leur capacité en litres.

a) Une petite piscine.	Environ 1 L.
b) Un petit seau.	Entre 20 L et 40 L.
c) Une baignoire.	Entre 15 000 L et 30 000 L.
d) Un pot à lait.	Entre 750 L et 1250 L.

3 Qu'est-ce qu'il faut utiliser, le kilogramme ou le gramme, pour mesurer la masse :

a) d'une automobile ? ______________________

b) d'une paire de souliers de course ? ______________________

c) d'un pain ? ______________________

d) d'une bicyclette ? ______________________

4 Relie par un trait les objets suivants à leur masse en kilogrammes.

a) Une tondeuse à gazon.	Entre 1200 kg et 1800 kg.
b) Une automobile.	Entre 50 kg et 100 kg.
c) Un gros melon.	Entre 15 kg et 30 kg.
d) Un adulte.	Environ 1 kg.

5 Vrai ou faux ?

a) Une masse de 1000 grammes équivaut à une masse de 1 kilogramme. __________

b) Une masse de 1 kilogramme équivaut à une masse de 10 grammes. __________

c) Une capacité de 1 litre équivaut à une capacité de 100 millilitres. __________

d) Une capacité de 1000 millilitres équivaut à une capacité de 1 litre. __________

6 Combien de litres y a-t-il dans :

a) 2000 millilitres ? __________ **c)** 100 millilitres ? __________

b) 5000 millilitres ? __________ **d)** 10 millilitres ? __________

Unité 18

Les nombres naturels et leurs puissances

1. Quel est le plus grand nombre de trois chiffres qui est à la fois un nombre carré et un nombre cubique?

2. Le carré du nombre 34 est 1156. Trouve tous les autres nombres de quatre chiffres qui sont le carré d'un nombre dont le chiffre des unités est 4.

3. **a)** Le cube de 10 est 1000. Trouve tous les autres nombres cubiques de quatre chiffres.

   b) En observant tous ces nombres, quelle caractéristique remarques-tu en ce qui concerne les chiffres des unités?

4. Trouve les deux seuls nombres carrés de trois chiffres dont les deux derniers chiffres forment un nombre carré.

5. **a)** Trouve le carré de tous les nombres naturels de 51 à 59.

   b) Quelle est la caractéristique de tous ces nombres carrés?

6. Trouve les trois seuls nombres carrés de quatre chiffres dont les deux derniers chiffres forment un nombre premier et dont les deux premiers chiffres forment également un nombre premier.

Aide | Ces trois nombres carrés se situent entre 4500 et 6000.

Unité 19

Les nombres premiers et les nombres composés

1) Décompose chacun des nombres suivants en facteurs premiers.

a) 9 ____________ d) 69 ____________

b) 29 ____________ e) 79 ____________

c) 49 ____________ f) 99 ____________

2) Comment peut-on vérifier si un nombre, par exemple 377, est premier ou non? Observe ci-dessous la façon de procéder.

Étape 1 On trouve le nombre carré qui est immédiatement supérieur à 377 : 400.

Étape 2 On trouve le nombre dont le carré est 400 : 20.

Étape 3 On divise le nombre 377 par chacun des nombres naturels inférieurs à 20.

On constate alors que 377 n'est pas divisible par 19, 18, 17, 16, 15 et 14.
Par contre, il est divisible par 13 : $377 = 13 \times 29$.
Donc, 377 n'est pas un nombre premier.

Procède de la même façon pour déterminer si, oui ou non, les nombres suivants sont des nombres premiers.

a) 129 ____________ c) 169 ____________

b) 131 ____________ d) 191 ____________

3) Certains nombres premiers de deux chiffres ont une particularité bien spéciale. En effet, si on les inverse, on obtient encore un nombre premier (13 et 31, par exemple). Trouve les autres nombres premiers de deux chiffres qui ont cette particularité.

____

4) Décompose en facteurs premiers les nombres composés ci-dessous.

a) 77 ____________ e) 60 ____________

b) 72 ____________ f) 48 ____________

c) 42 ____________ g) 124 ____________

d) 91 ____________ h) 180 ____________

5) Parmi les 21 nombres premiers compris entre 100 et 200, lesquels sont des nombres palindromes? Un nombre palindrome est un nombre qu'on peut lire de la même manière dans les deux sens, soit de gauche à droite ou de droite à gauche.

Exemple : 121 et 171.

____

____

____

Unité 20

La division de nombres naturels

1 **a)** Effectue la division du nombre 2520 par chacun des nombres suivants.

1) 2 ________ **4)** 5 ________ **7)** 8 ________

2) 3 ________ **5)** 6 ________ **8)** 9 ________

3) 4 ________ **6)** 7 ________ **9)** 10 ________

b) Quelle conclusion peux-tu tirer des résultats obtenus ?

____

____

c) Décompose le nombre 2520 en facteurs premiers.

____

2 Vrai ou faux ?

a) Tous les nombres divisibles par 3 sont aussi divisibles par 9. ________

b) Tous les nombres divisibles par 10 sont aussi divisibles par 5. ________

c) Tous les nombres divisibles par 2 et 3 sont aussi divisibles par 6. ________

d) Tous les nombres divisibles par 4 sont aussi divisibles par 8. ________

3 Parmi les six nombres ci-dessous, détermine lesquels sont divisibles par :

2	3	5	9

Écris ta réponse à côté de chaque nombre.

a) 64 ________ **c)** 75 ________ **e)** 200 ________

b) 90 ________ **d)** 225 ________ **f)** 648 ________

4 Effectue les divisions suivantes.

a) $477 \div 9 =$ ________________

b) $783 \div 9 =$ ________________

c) $315 \div 9 =$ ________________

d) $693 \div 9 =$ ________________

5 Sans effectuer de calculs, écris deux nombres de trois chiffres divisibles par 9.

____

Unité 21 La mesure de lignes

1 Quelle unité faut-il utiliser pour mesurer les dimensions ci-dessous : le **mètre**, le **centimètre** ou le **kilomètre** ?

a) L'épaisseur d'un dictionnaire. ______________________

b) La distance entre Montréal et Québec. ______________________

c) La longueur d'une patinoire. ______________________

d) La largeur d'un matelas. ______________________

e) La hauteur d'une montagne. ______________________

f) La longueur du fleuve Saint-Laurent. ______________________

2 Estime, en **mètres**, les dimensions suivantes.

a) La largeur d'une rue. ______________________

b) La longueur d'une automobile. ______________________

c) La hauteur de ta chambre. ______________________

3 Estime, en **centimètres**, les dimensions suivantes.

a) La largeur d'une feuille de ton cahier. ______________________

b) La hauteur de ton pupitre. ______________________

c) La largeur d'une calculatrice. ______________________

d) La largeur d'une porte. ______________________

4 Les énoncés ci-dessous présentent des équivalences. Dans chaque cas, détermine si l'énoncé est vrai ou faux.

a) Une feuille mesure 2 décimètres de large, soit 200 centimètres. ________

b) Une table a une hauteur de 70 centimètres, soit 7 décimètres. ________

c) Une chambre a une largeur de 4 mètres, soit 40 centimètres. ________

d) Un petit avion vole à une altitude de 5000 mètres, soit 5 kilomètres. ________

5 Combien de mètres y a-t-il dans :

a) 2 kilomètres ? ____________ **c)** 50 décimètres ? ____________

b) 200 centimètres ? ____________ **d)** 10 kilomètres ? ____________

6 Combien de centimètres y a-t-il dans :

a) 1 mètre ? ____________ **c)** 10 mètres ? ____________

b) 25 décimètres ? ____________ **d)** 1 kilomètre ? ____________

Unité 22 La comparaison et la réduction de fractions

1 Voici quatre paires de fractions.

1) $\frac{3}{8}$ et $\frac{5}{16}$	2) $\frac{5}{9}$ et $\frac{11}{18}$	3) $\frac{19}{24}$ et $\frac{7}{8}$	4) $\frac{11}{15}$ et $\frac{3}{5}$

a) Place chacune des paires de fractions sous un dénominateur commun.

1) ______ 2) ______ 3) ______ 4) ______

b) Dans chacune des paires, encercle **la plus grande** fraction.

2 Observe attentivement les six fractions suivantes.

1) $\frac{3}{8}$	2) $\frac{1}{4}$	3) $\frac{3}{4}$	4) $\frac{1}{2}$	5) $\frac{5}{8}$	6) $\frac{14}{16}$

a) Place ces fractions sous un dénominateur commun.

1) ______ 3) ______ 5) ______

2) ______ 4) ______ 6) ______

b) Laquelle des fractions est **la plus grande**? ______

3 Observe attentivement les six fractions suivantes.

1) $\frac{5}{12}$	2) $\frac{12}{24}$	3) $\frac{7}{12}$	4) $\frac{24}{36}$	5) $\frac{20}{24}$	6) $\frac{36}{48}$

a) Place ces fractions sous un dénominateur commun.

1) ______ 3) ______ 5) ______

2) ______ 4) ______ 6) ______

b) Laquelle des fractions est **la plus petite**? ______

4 **a)** Réduis chacune des fractions suivantes à son plus petit dénominateur.

1) $\frac{30}{40}$ ______ 3) $\frac{40}{64}$ ______ 5) $\frac{28}{35}$ ______

2) $\frac{9}{54}$ ______ 4) $\frac{10}{15}$ ______ 6) $\frac{18}{42}$ ______

b) Laquelle des fractions réduites a **le plus petit** dénominateur? ______

5 Parmi les fractions suivantes, lesquelles sont irréductibles?

$\frac{9}{21}$	$\frac{13}{23}$	$\frac{6}{24}$	$\frac{15}{35}$	$\frac{21}{40}$	$\frac{12}{36}$	$\frac{27}{32}$	$\frac{14}{21}$

______

Les fractions

1 Observe bien les deux grilles ci-dessous.

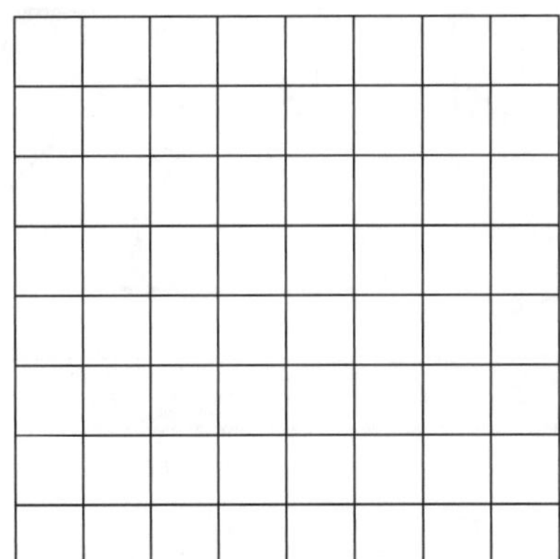

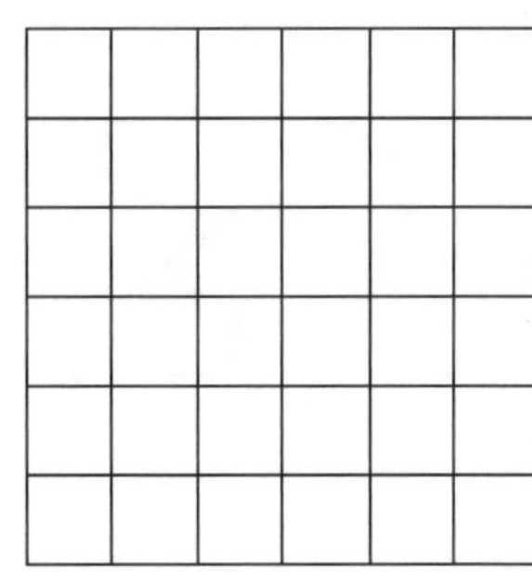

a) Colorie la grille de gauche de la façon suivante :
1) la moitié de la grille en **rouge** ;
2) la moitié de ce qui reste en **vert** ;
3) la moitié de ce qui reste en **bleu** ;
4) la moitié de ce qui reste en **jaune**.

b) Détermine la fraction de la grille qui n'est pas coloriée. ______________

c) Colorie la grille de droite de la façon suivante :
1) le quart de la grille en **rouge** ;
2) le tiers de ce qui reste en **vert** ;
3) le tiers de ce qui reste en **bleu** ;
4) la moitié de ce qui reste en **jaune**.

d) Quelle fraction de la grille a été coloriée ? ______________

2 Quelle fraction de chacune des grilles ci-dessous a été ombrée ?

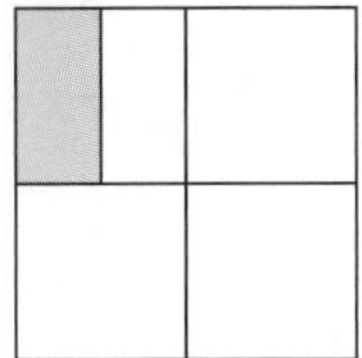

a) __________

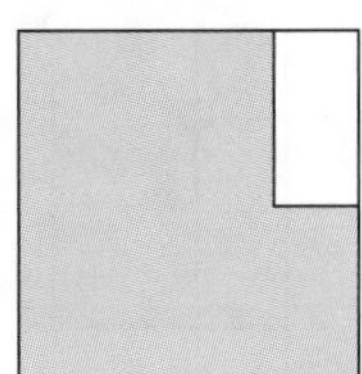

c) __________

e) __________

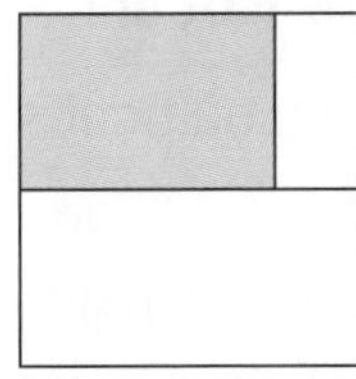

b) __________

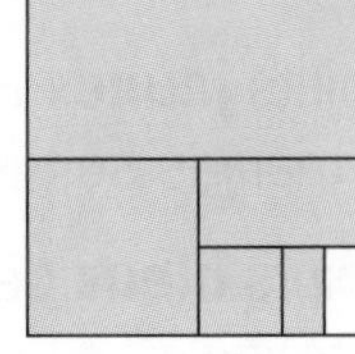

d) __________

f) __________

Unité 24

La classification de triangles

1 Identifie chacun des triangles tracés sur la grille ci-dessous.

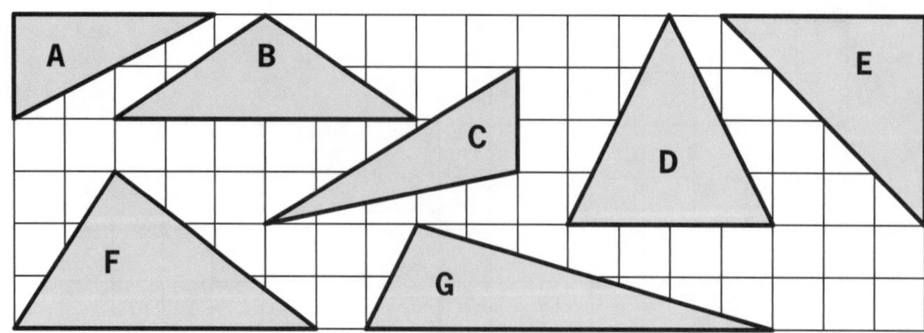

A : ______________________

B : ______________________

C : ______________________

D : ______________________

E : ______________________

F : ______________________

G : ______________________

2 Vrai ou faux ?

a) Tout triangle isocèle est également équilatéral. __________

b) Deux des angles d'un triangle rectangle sont aigus. __________

c) Les trois angles d'un triangle équilatéral sont isométriques. __________

d) Deux des angles d'un triangle peuvent être obtus. __________

3 Sur chacune des grilles ci-dessous, deux sommets de triangle sont identifiés par un point noir.

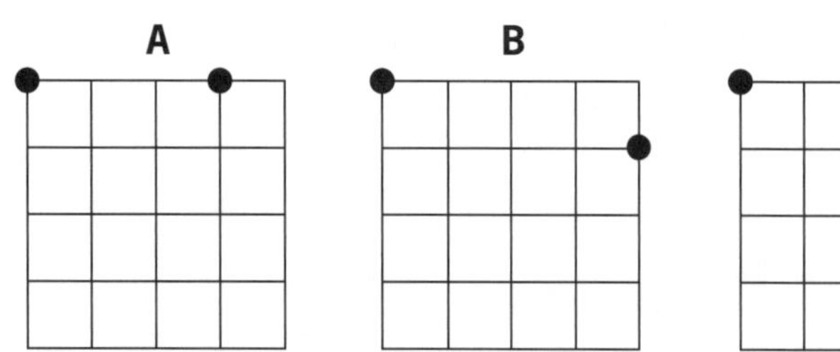

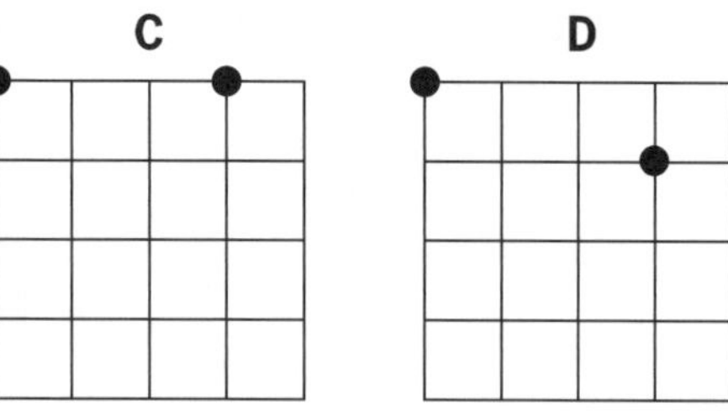

a) Sur la grille **A**, indique par des points **rouges** les endroits où peut se situer le troisième sommet pour que le triangle soit **rectangle isocèle**.

b) Sur la grille **B**, indique par des points **jaunes** les endroits où peut se situer le troisième sommet pour que le triangle soit **isocèle**.

c) Sur la grille **C**, indique par des points **bleus** deux endroits où peut se situer le troisième sommet pour que le triangle soit **rectangle scalène**.

d) Sur la grille **D**, indique par des points **verts** deux endroits où peut se situer le troisième sommet pour que le triangle soit **scalène**.

Unité
25

Les mesures de surface

1 Combien de carrés unités ou de rectangles unités y a-t-il dans chacune des figures ci-dessous?

A

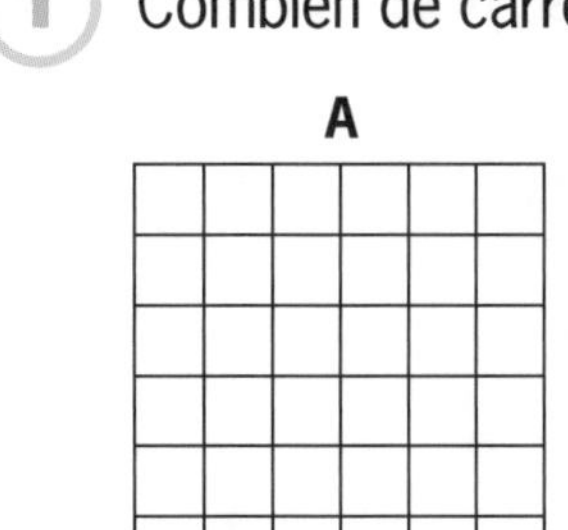

B

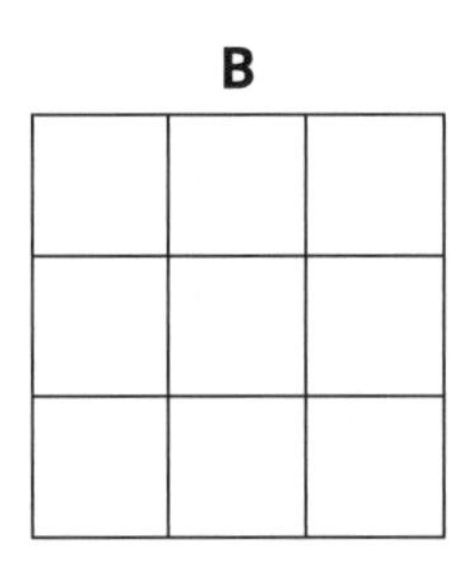

C

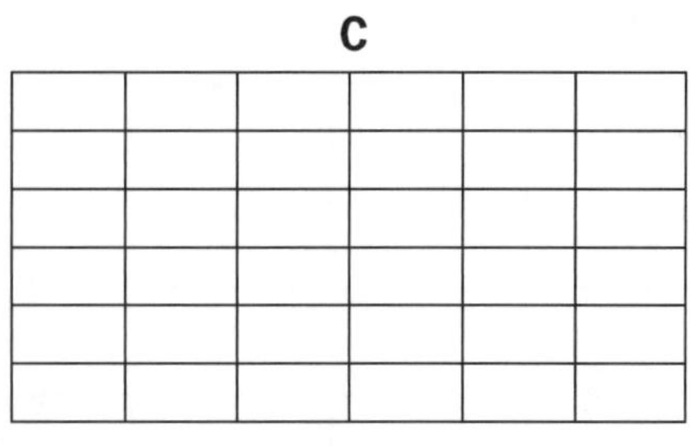

D

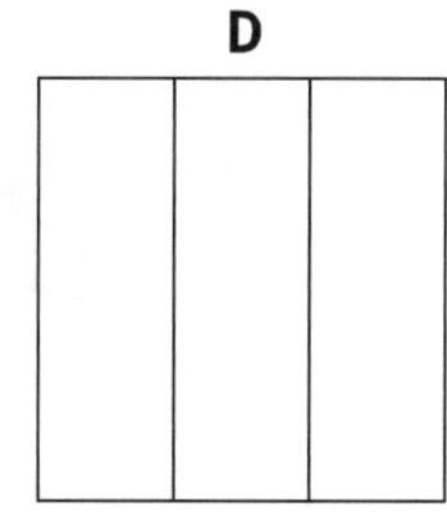

a) Les figures **A**, **B** et **D** ont les mêmes dimensions. Pourquoi les résultats sont-ils différents?

b) Les figures **A** et **C** ne sont pas de même dimension; la figure **C** est deux fois plus grande que la figure **A**. Pourquoi les résultats sont-ils identiques?

2 Quelle est l'aire des figures ci-dessous, en centimètres carrés?

A

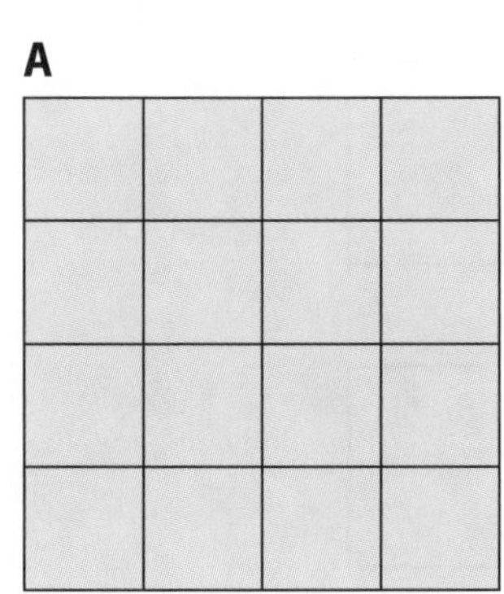

B

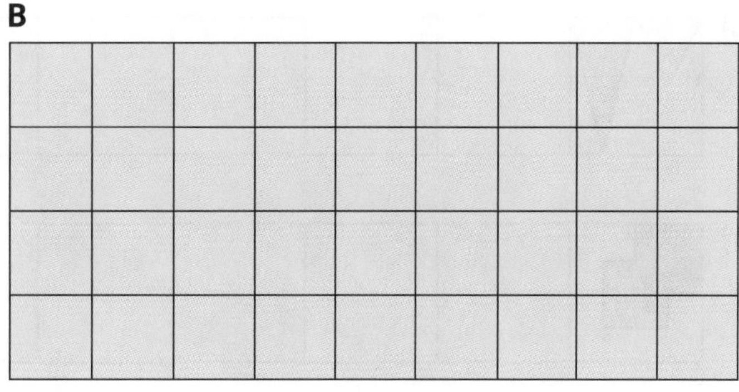

3 Vrai ou faux?

a) Il y a 10 décimètres carrés dans un mètre carré.

b) Il y a 100 centimètres carrés dans un décimètre carré.

c) Il y a 10 000 centimètres carrés dans un mètre carré.

d) Il y a 10 millimètres carrés dans un centimètre carré.

Unité
26 Les réflexions et les translations

1 Dans chaque cas ci-dessous, construis une frise à l'aide de réflexions successives du motif de base.

a)

b)

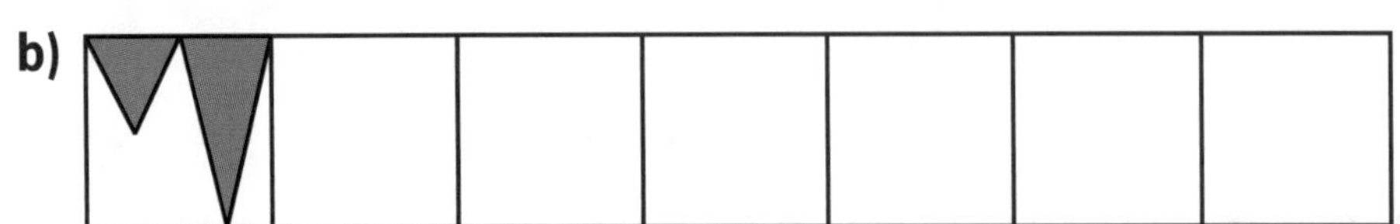

c)

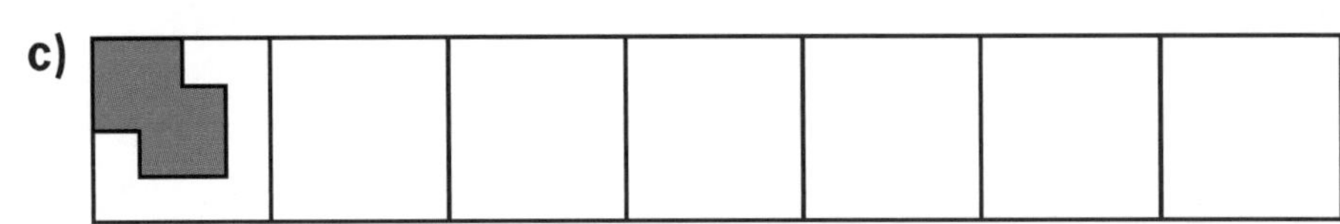

2 Dans chaque cas ci-dessous, construis une frise à l'aide de translations successives du motif de base.

a)

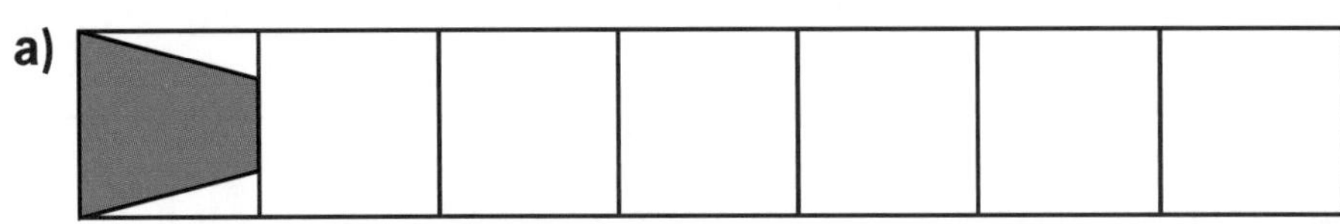

b)

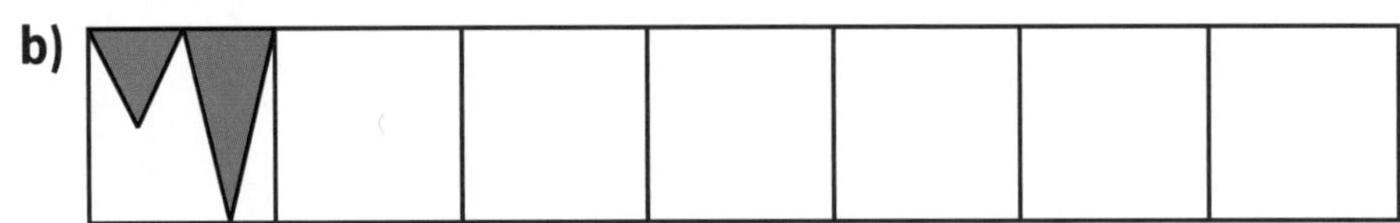

c)

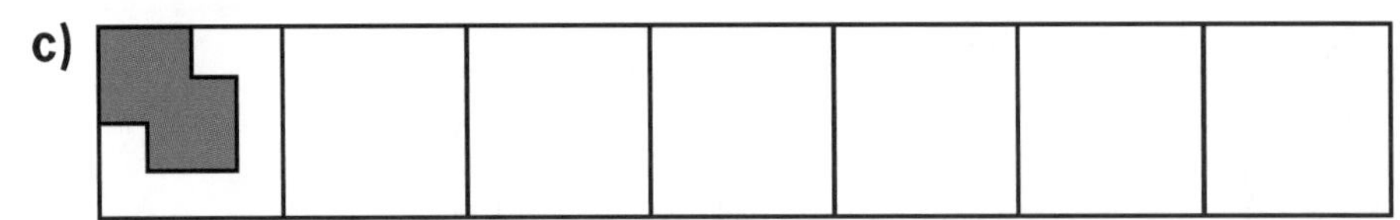

3 Observe bien la figure ci-contre.

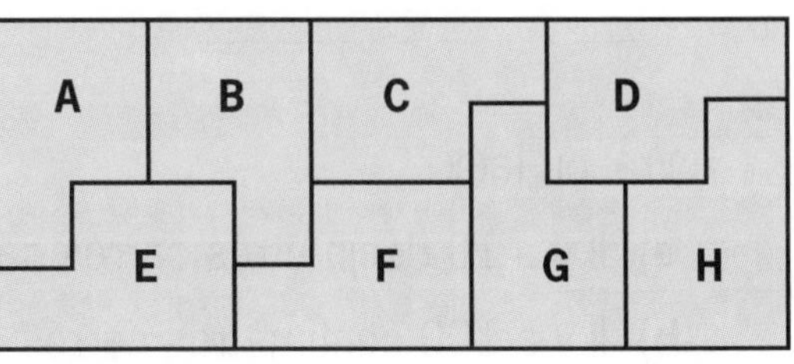

Quelle transformation (réflexion ou translation) permet d'appliquer :

a) la figure **A** sur la figure **B** ? ______________

b) la figure **E** sur la figure **F** ? ______________

c) la figure **C** sur la figure **D** ? ______________

d) la figure **G** sur la figure **H** ? ______________

Unité 27

La probabilité

1. Dans un jeu de hasard, on lance deux dés à quatre faces (tétraèdres) numérotées de 1 à 4, puis on fait la somme des nombres affichés sur les côtés qui nous font face. Quelles sont toutes les sommes possibles?

____

2. On a déposé les boules suivantes dans un sac.

2 boules noires (N)     2 boules blanches (B) 

1 boule jaune (J) J   1 boule rouge (R) 

Si l'on tire deux boules à la fois de ce sac, combien de résultats possibles y a-t-il?

____

3. Pour colorier les trois sections du drapeau ci-contre, on peut se servir des couleurs suivantes : bleu (B), jaune (J) et vert (V).

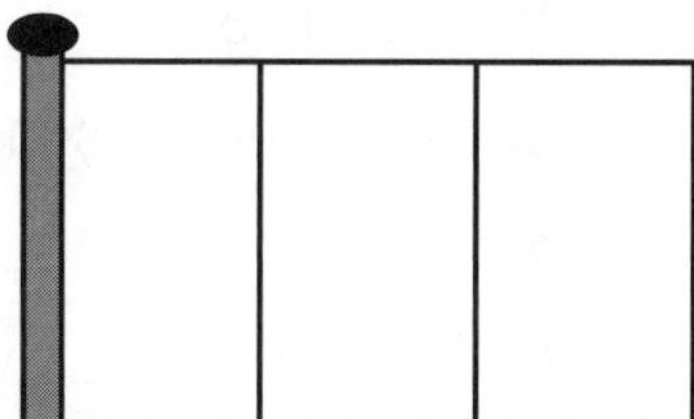

a) Si l'on souhaite que les trois sections soient de couleurs différentes, combien de résultats possibles y a-t-il?

____

____

b) Si l'on accepte que les trois sections puissent être de la même couleur ou non, combien de résultats possibles y a-t-il?

____

____

____

4. Dans le cas de chacun des énoncés ci-dessous, détermine si le résultat souhaité est **possible**, **certain** ou **impossible**.

a) Je lance deux dés à six faces numérotées de 1 à 6 en souhaitant obtenir la somme de 1.

____

b) Dans un sac contenant deux boules blanches et deux boules rouges, j'en tire deux au hasard en espérant obtenir des boules de couleurs différentes.

____

c) Dans un sac contenant une boule blanche, une boule rouge, une boule verte et une boule noire, je tire au hasard deux boules en espérant qu'elles soient de couleurs différentes.

____

Unité 28 La multiplication d'un nombre décimal par un nombre naturel

1 a) Tu sais que $4 \times 200 = 800$ et que $4 \times 20 = 80$.
Alors que vaut $4 \times 0{,}2$? ______________ Que vaut $4 \times 0{,}02$? ______________
b) Si $6 \times 300 = 1800$, que valent $6 \times 0{,}3$ et $6 \times 0{,}03$? ______________
c) Si $9 \times 500 = 4500$, que valent $9 \times 0{,}5$ et $9 \times 0{,}05$? ______________

2 a) Tu sais que $8 \times 6 = 48$.
Alors que vaut $8 \times 0{,}6$? ______________ Que vaut $8 \times 0{,}06$? ______________
b) Si $9 \times 7 = 63$, que valent $9 \times 0{,}7$ et $9 \times 0{,}07$? ______________
c) Si $5 \times 8 = 40$, que valent $5 \times 0{,}8$ et $5 \times 0{,}08$? ______________

3 Tu sais que $3 \times 2{,}5 = 3 \times 25 \div 10 = 75 \div 10 = 7{,}5$.
Utilise la même façon de procéder pour effectuer les opérations suivantes.
a) $4 \times 3{,}7 =$ ______________
b) $8 \times 6{,}8 =$ ______________
c) $6 \times 8{,}3 =$ ______________

4 Tu sais que
$3 \times 2{,}75 = 3 \times (2 + 0{,}7 + 0{,}05) = (3 \times 2) + (3 \times 0{,}7) + (3 \times 0{,}05) = 6 + 2{,}1 + 0{,}15 = 8{,}25$
Procède de la même façon pour effectuer les opérations suivantes.
a) $4 \times 3{,}71 =$ ______________
____
b) $8 \times 6{,}84 =$ ______________
____
c) $6 \times 8{,}32 =$ ______________
____

5 Utilise la méthode de ton choix pour effectuer les multiplications suivantes.
a) 12×7 ______________
b) 82×8 ______________
c) $15 \times 2{,}1$ ______________
d) $12 \times 0{,}7$ ______________

Unité 29

L'arrondissement et l'estimation

1 Arrondis les nombres suivants au dixième, puis à l'unité.

a) 9,38 ______ ______

b) 19,32 ______ ______

c) 99,67 ______ ______

d) 5,62 ______ ______

e) 29,78 ______ ______

f) 99,21 ______ ______

2 Voici quatre factures d'épicerie.

A

1 panier de tomates	7,99 $
1 céleri	1,29 $
1 sac de pommes	3,19 $
1 chou	0,89 $
1 laitue	0,79 $
1 sac de raisins	4,29 $
Total	?

B

1 brocoli	1,19 $
1 sac de patates	2,79 $
3 pommes	1,29 $
2 céleris	2,59 $
1 sac de laitues	5,69 $
12 clémentines	4,29 $
Total	?

C

3 concombres	2,59 $
4 tomates	2,79 $
1 sac d'oranges	3,59 $
3 citrons	1,49 $
2 pamplemousses	1,89 $
1 melon	1,69 $
Total	?

D

2 concombres	2,79 $
1 sac de carottes	2,59 $
6 oranges	2,89 $
2 melons	2,99 $
6 citrons	3,19 $
12 pommes	5,19 $
Total	?

a) **Estime** le coût total de chaque facture en arrondissant **à l'unité** le coût de chacun des articles.

A: ______ **B:** ______ **C:** ______ **D:** ______

b) Calcule le coût exact de chaque facture.

A: ______ **B:** ______ **C:** ______ **D:** ______

c) À la question **b)**, quelle facture a un coût exact plus élevé que son coût arrondi? Encercle la bonne réponse.

d) Quelle est la différence entre le coût total des quatre factures après arrondissement et le coût réel?

Unité
30 La division de nombres naturels

1 Pour diviser 48 par 8, on peut établir la liste des multiples de 8, jusqu'à ce qu'on obtienne 48.

8	16	24	32	40	**48**

On voit alors que 48 est le **6e** multiple de 8.
On peut alors dire que 48 ÷ 8 = 6.

Utilise ce procédé pour effectuer les divisions suivantes.

a) 72 ÷ 9 ______

b) 56 ÷ 7 ______

c) 64 ÷ 8 ______

2 Voici une façon qui permet de diviser 988 par 19 en utilisant seulement les neuf premiers multiples de 19.

	1	2	3	4	5	6	7	8	9
Multiples	19	**38**	57	76	**95**	114	133	152	171

1. On détermine d'abord le multiple qui est immédiatement inférieur ou égal à 98, soit **95**, et 95 est le **5e** multiple de 19. Le chiffre **5** est le premier chiffre de la réponse.

2. On soustrait 95 de 98, ce qui donne 3. À ce chiffre 3 on ajoute le dernier chiffre du nombre 988, soit 8. On obtient alors le nombre 38.

3. On détermine le multiple qui est immédiatement inférieur ou égal à 38, soit **38**, qui est le **2e** multiple de 19. Le chiffre **2** est le second chiffre de la réponse.

Le résultat est donc 988 ÷ 19 = **52**.

Utilise ce procédé pour effectuer les divisions suivantes.

a) 646 ÷ 19 ______

b) 855 ÷ 19 ______

Unité

31 Les nombres et leurs mystères

1. Jean a 14 ans et son père a 41 ans. Les chiffres de ces deux nombres sont inversés.

   a) Dans combien d'années ce phénomène se répétera-t-il?

   b) Si le père de Jean vit jusqu'à 100 ans, combien de fois cela se répétera-t-il encore?

2. Exprime le nombre 96 comme la différence de deux nombres carrés, et ce, d'au moins deux façons différentes.

3. Je suis un nombre de deux chiffres et je suis un multiple de 11. Je suis un nombre pair. De plus, le produit de mes chiffres est à la fois un nombre carré et un nombre cubique. Quel nombre suis-je?

4. Avec trois chiffres différents de 1 à 9, on peut créer différents nombres de trois chiffres dont la somme des chiffres est égale à 15. Trouve cinq de ces nombres.

5. Quatre fois la somme des chiffres du nombre 48 est égal à 48 : $4 + 8 = 12$ et $4 \times 12 = 48$. Trois autres nombres de deux chiffres ont cette propriété. Lesquels?

Unité 32

La mesure d'espace

1. On place des petites boîtes de forme cubique dans une grande boîte ayant la forme d'un prisme. Dans la grande boîte, on peut placer 5 petites boîtes dans le sens de la longueur, 4 petites boîtes dans le sens de la largeur et 3 petites boîtes dans le sens de la hauteur. Combien de petites boîtes peut-on placer dans cette grande boîte?

2. Combien de petits cubes a-t-il fallu pour fabriquer chacun des escaliers ci-dessous?

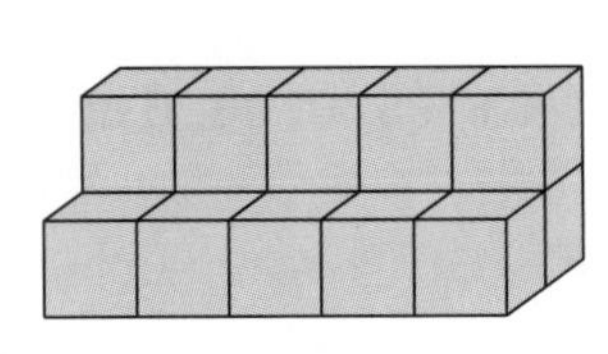

a) ____________

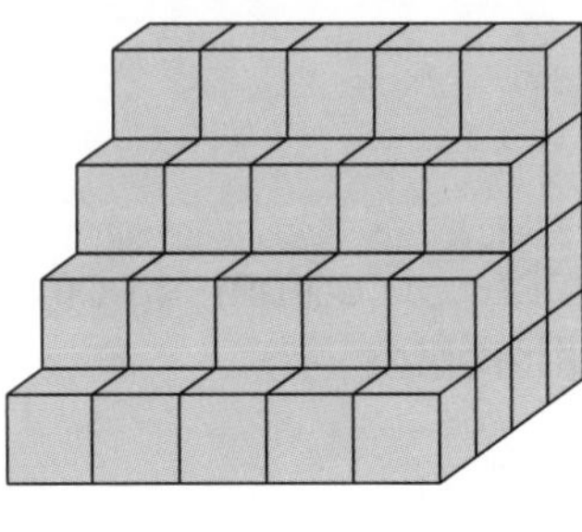

c) ____________

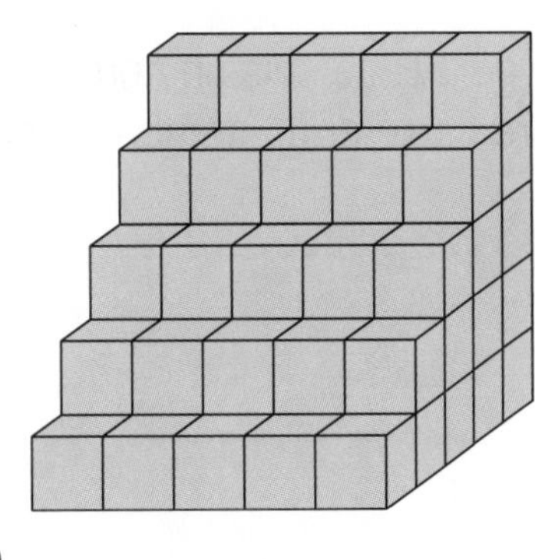

b) ____________

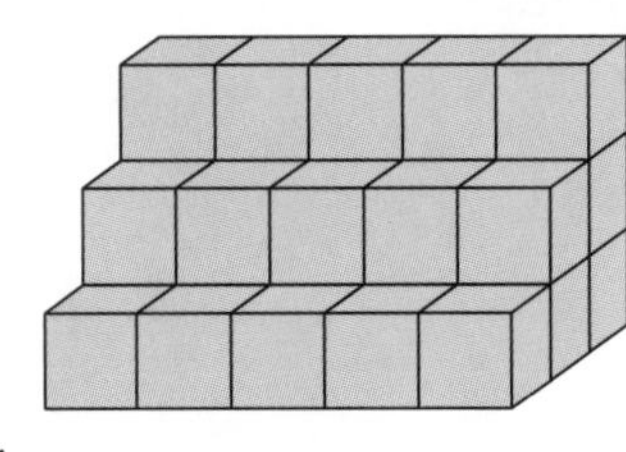

d) ____________

3. De combien de cubes a-t-on eu besoin pour construire la muraille illustrée ci-dessous?

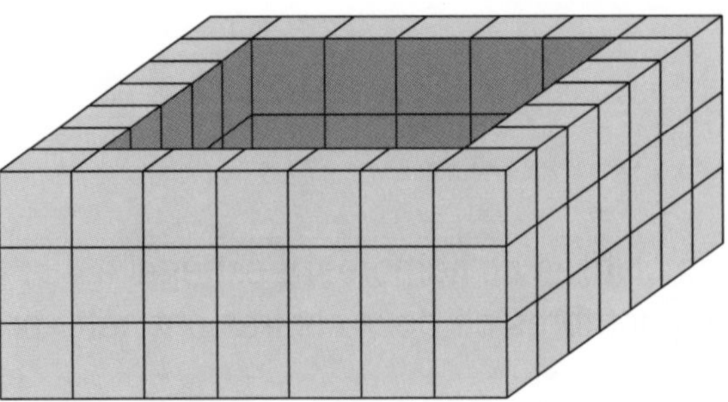